SALES POWER

销售力

把任何产品卖给任何人

希文 ◎ 主编

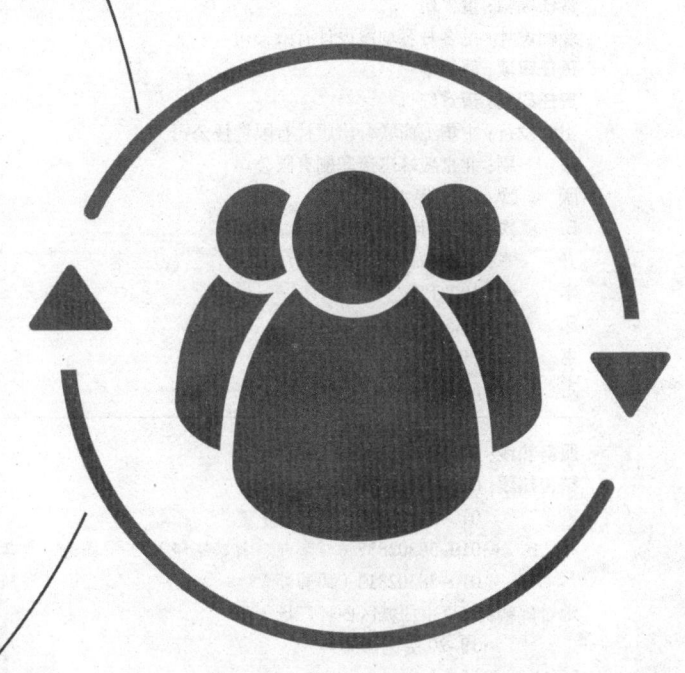

中华工商联合出版社

图书在版编目（CIP）数据

销售力：把任何产品卖给任何人 / 希文主编． -- 北京：中华工商联合出版社，2021.1

ISBN 978-7-5158-2945-6

Ⅰ．①销… Ⅱ．①希… Ⅲ．①销售－方法 Ⅳ．①F713.3

中国版本图书馆CIP数据核字（2020）第235842号

销售力：把任何产品卖给任何人

主　　编：	希　文
出 品 人：	李　梁
责任编辑：	董　婧
装帧设计：	星客月客动漫设计有限公司
责任审读：	傅德华
责任印制：	迈致红
出版发行：	中华工商联合出版社有限责任公司
印　　刷：	北京毅峰迅捷印刷有限公司
版　　次：	2021年4月第1版
印　　次：	2021年4月第1次印刷
开　　本：	710mm×1000 mm　1/16
字　　数：	192千字
印　　张：	13.5
书　　号：	ISBN 978-7-5158-2945-6
定　　价：	58.00元

服务热线：010-58301130-0（前台）
销售热线：010-58302977（网店部）
　　　　　010-58302166（门店部）
　　　　　010-58302837（馆配部、新媒体部）
　　　　　010-58302813（团购部）
地址邮编：北京市西城区西环广场A座
　　　　　19-20层，100044
　　　　　http://www.chgslcbs.cn
投稿热线：010-58302907（总编室）
投稿邮箱：1621239583@qq.com

工商联版图书
版权所有　盗版必究

凡本社图书出现印装质量问题，
请与印务部联系。

联系电话：010-58302915

前言

这是一个重视销售的时代。可以这么说：一个公司要想生存，要想将自己的"产品"推向市场，就需要销售。

今天的销售人员，和以往在街头叫卖的游商小贩迥然不同。今天的销售员，不仅在生产厂商和消费者之间扮演着沟通者的角色，并且对整个经济的发展也有着不可忽视的作用。

对于一个销售员而言，最核心的能力就是销售力。"销售力"的概念，不仅是衡量销售者技巧与经验的指标，更是在销售过程中方方面面的体现。从卖出生活必需品这样相对简单的高效率推销，到卖出奢侈品那样低成交率高回报率的推销，无论哪一种推销，都需要推销员拥有过硬的销售力。

能把任何产品卖给任何人，这是销售员的最高追求，也是销售力的最高体现。要做到这点非常困难，唯一的秘诀就是：训练、再训练、不断地训练。因为要想提高销售力，最重要的就是不断演练、检讨、改进，然后才能做到熟能生巧。销售力的提高没有捷径可寻，没有一个固定的、放之四海皆准的模式，无论一个销售员销售什么产品，都会深深感到销售工作的变化无穷。一位顾客欣赏不已的销售方法，可能是另一位顾客极力排斥的原因；促成一位顾客购买产品的销售技巧，不见得就能顺利打动其他顾客的心。这就需要销售工作者必须头脑清醒，思维敏捷，视销售对象和产品的不同，做到随机应变，恰到好处。销售之难就在于此，销售力提升的关键也在于此。

  本书重点介绍和分析了各种销售技巧、销售方法，尤其是在寻找客户、预先接近目标客户、销售说明与演示、促成交易等技巧的掌握和运用等章节，按照销售过程的每一个步骤，循序渐进，做深入且详尽的论述。书中不仅有对销售的理念与原理的独到精辟的剖析，同时辅以颇具启发性的销售实务与案例，是理论与实践兼顾的一本销售力提升指南。全书内容丰富，资料新颖，是值得广大企业管理人员和销售员一读再读的好书。

目录

第一章 准备好，才能发挥好

销售区域决定成果 /002

用计划指导行动 /007

推销产品先从推销自己开始 /012

出门前装备齐全 /015

第二章 如何接近目标客户

学会使用直接邮件 /018

怎样拜访客户 /028

引起客户注意的 6 个方法 /030

针对不同的客户用不同的方法 /034

第三章 培养与客户面谈时的销售力

练就强大的表达能力 /043

询问要有技巧 /053

如何听出客户的心声 /058

怎样介绍产品 /061

如何展示产品 /073

针对不同类型客户的应对方法 /082

第四章　如何面对客户异议

客户提出的 6 种异议 /092

客户异议的产生原因 /099

处理异议 6 种办法 /101

理解客户异议背后的真实意图 /108

第五章　推销高手不怕拒绝

如何进行回访 /118

建议书是推销利器 /122

第六章　怎样达成交易

学会与客户缔结契约 /137

缔约的时机 /138

缔约的三个准则和注意要点 /139

第七章　成交之后继续服务

无条件为客户提供售后服务 /148

凭实力赢得回头客 /153

怎样留住客户 /161

第八章　推销中的问题和误区

推销中的心理误区 /180

决定成败在于细节 /186

第九章　练就顶级高手的销售力

推销高手怎样炼成的 /196

推销高手需要具备哪些条件 /198

第一章
准备好，才能发挥好

推销是一门艺术，推销员要像艺术家一样对待自己的工作。更准确地说，推销员要像艺术家在登台演出前一样，事无巨细地做好前期准备工作，以保证每一场演出都尽善尽美。

推销员只有在事前做好充分的准备工作，才能够精准高效地找到目标客户，发挥出百分百的推销力，让自己在推销过程中信心百倍，于谈笑之间消除客户可能有的各种疑虑，最终实现交易的成功。

那么，推销前的准备工作究竟包括哪些方面呢？

销售区域决定成果

对于一个钓鱼的人来说，他所选择的池塘里鱼的多少与大小，直接决定他收获的丰厚与否。选对了池塘，他才能钓到大鱼。

同样，作为一个推销员，也必须在推销之前选对自己推销的"池塘"——销售区域。

有的推销员也许会说："可是，我们公司早就给我们划分了区域。"是的，有些公司对旗下的推销员划分了销售区域，并且规定推销员不得跨区推销。但即使有了区域划分，推销员也要在自己所属的区域内做文章。

为什么要在区域内做文章呢？

让我们举一个例子：在同一个池塘里，因为阳光、水草的分布不同而出现鱼群的分布不同。精明的钓鱼高手，往往根据这些因素选择出一个最佳的下钓点，并因此而收获颇丰。你要向这些精明的钓鱼高手学习，不仅要选对"池塘"——销售区域，还要选对"池塘"里最佳的"下钓点"——重点推销对象。

在推销活动中，寻找推销对象既是推销的首要环节，同时也决定着整个推销活动的效率。有效地寻找和选择重点推销对象，可以使你充分利用有限的时间和经费，集中精力"攻克"那些购买欲望强、购买能力强、购买量大的客户，从而大大提高推销的成功率。

有人向一位业绩出色的推销员询问成功之道，这位推销高手认真地回答道："推销员要把时间和精力用在最有希望的目标客户身上。"

既然寻找重点推销对象如此重要，那么如何去寻找他们呢？

寻找重点推销对象要通过两种途径：了解销售区域内行业状况，以及销售区域内客户对产品的购买状况。

◆ 找准推销对象

如何了解销售区域内行业状况？

表1-1是一家办公用品公司的推销员为了了解他的销售区域内行业状况所做的统计报表，报表显示出他的销售区域内工厂所占的比重高，所以他推销的重点应该是工厂，而他的主要竞争者是向这些工厂提供办公用品的厂商。

表1-1 行业类别员工人数表

员工人数 行业类别	10人以下	10—50人	30—100人	100—300人	500人以上	合计
政府机构	0	5	5	0	0	10
学校	0	0	0	0	2	2
工厂	30	100	500	205	80	915
销售业	200	300	2	2	0	504
服务业	500	150	3	2	0	655
其他	300	100	10	0	0	410
合计	1030	555	520	209	82	2396

◆ 根据不同客户用不同的推销方法

通过了解销售区域内客户对产品的购买状况，你就能知道你的主要竞争者是谁，也可进一步研究竞争者的产品特点，以及客户对不同产品的评价，在此基础上做好推销和售后服务的准备工作。

一位保险推销员在进行推销工作时发现，如果某一家公司已经有员工成为他的保户，在这家公司进行推销就较容易；反之，推销工作则较困难。发现这个规律后，他调整了推销策略，很快就拥有了许多承保的客户。

只有清楚地了解销售区域内的行业状况，以及客户对于产品的购买状况，你才能寻找到重点推销对象。

◆ 熟悉产品

对推销员来说，对于自己的产品了解得越多，推销起来就越有信心，在推销过程中也就越有主动权，越能赢得客户的信任。推销员需要掌握的产品知识主要包括下列10个方面。

1. 产品名称

一位专业推销人员负责推销的商品可能有几种到几十种，甚至会更多，这些产品的正式名称、简称、俗称等都必须牢记于心，这是开展推销工作的前提。

2. 产品详细情况

推销员必须熟知自己负责推销的产品，同时还必须了解与该产品有关的知识，这样才能回答客户所提出的各种问题。以制造业为例，凡是产品的规格、型号、构造、成分、功能、用途、修理方法、保存方法、使用年限、有效安全期限以及注意事项等等，都要掌握。

3. 产品使用方法

要熟练地掌握所推销的产品的使用方法。无论什么产品都有说明书里没有涵盖的注意事项或使用要领，关于这方面的知识，一名专业推销员是必须熟练掌握的。

4. 产品特征

你所推销的产品如果比同行的好，就必须明确它好在哪里，并把它作为推销时的利器；反之，如果它比同行的差，也要认识到差在什么地方，并事先研究出对策，以应对客户就此问题所提出的质疑。

5. 售后服务

有关售后服务的具体事项，每个公司都有一定的规定，推销员要准确无误地向用户传达。要做到这一点，就必须熟记公司有关规定。

6. 交货期及交货方式

如果合约到期却交不了货，给客户造成麻烦，他一定会追究公司和推销员的责任。尤其是当对方要求在短时间内供货而生产进度跟不上时，更容易遇到这种情况。因此，推销员平时应掌握库存、发货、生产周期等有关情况，不要签订明知交不了货的合同。

交货方式有直接从仓库交货、火车托运、船运和空运等不同方式，根据订货量的大小不同，其运送方式也不同。推销员要清楚在不同情况下应使用何种运货方式，并能准确无误地计算运费。

7. 价格及付款方式

推销员要搞清楚公司规定的标准销售价和允许的降价幅度，同时也要清楚标准价和降价的关系。

8. 竞争者的产品情况

无论哪一种产品都会有不少直接竞争对手，要想取得竞争的胜利，必须透彻地研究对手的产品。其方法包括查阅本公司所搜集的对方的有关资料，听取上司以及有经验同事的意见。此外，本人还要亲自接触对手的产品，并和本公司的同类产品进行比较，找出本公司产品的长处和短处。不仅要研究对方的产品本身，还要研究售后服务、价格、付款方式、说明书等。

9. 材料来源与生产过程

本公司产品所使用的原材料是什么？是国产的还是进口的？客户可能会

问起这方面的问题，推销员为了能妥善回答必须好好地学习相关知识。有的客户可能会问到产品的生产过程，因此推销员也应该知道这方面的知识。

10. 本公司相关产品情况

凡是本公司生产或经营的产品，即使不属于你负责推销，也应该了解其大致情况。此外，总公司的推销员对子公司生产或经营的商品，也应该有所了解。否则，如果客户向你问起这方面的问题，你说"我不知道"，那就"出丑"了，而且不容易赢得客户的信任。

只有对以上10个方面都做到了如指掌，你的产品知识才称得上达到要求。

◆ 找准客户需求

推销员要想有效地说服客户，除了不停地充实产品知识外，同时要准确地把握客户的需求。要做到这一点，有赖于推销员平时对市场情况的收集、整理和分析。以下三种途径可以帮助你更好地把握客户需求。

1. 通过阅读相关资料获取情况，具体包括：

新闻、杂志刊载的资料

- 样品
- 产品简介
- 设计图
- 公司培训资料

2. 从相关人员处获取情况，具体包括：

- 上司、同事
- 研究开发部门
- 生产制造部门
- 广告部门
- 技术服务部门

- 竞争者
- 客户

3.通过亲身体验获取情况，具体包括：

- 自己亲身销售过程中的心得
- 询问客户的意见
- 询问客户的需求
- 倾听客户的抱怨

精通产品知识不仅是熟记产品的规格、特性，而且是一个动态的过程。在推销过程中，你要不断地获取和产品相关的各种情报，从你累积的各种情报中，分析出市场情况和客户需求。

用计划指导行动

推销要以行动为导向，不付出行动，必定得不到收获。要提高行动的效率，就要依靠制订计划来进行监督与指导。

◆ 如何制订计划

推销计划包括月计划、周计划、日计划。比较来说，月、周计划概括性更强，日计划则要落实到具体的时间、对象、路线等等。就推销访问来说，日计划其实就是一张行程表。

推销计划应包括什么内容？怎样制订推销计划呢？我们还是来看实例。

推销员李君关于行动管理的做法，非常具有典型意义。李君服务于业绩良好的某公司，该公司以寻找小型零售店进行巡回销售的业务为主。

李君每月初将一个月的行动计划列入计划表，计划的制订以客户的采购金额、占有率为根据。他先计划好对各客户每月访问次数的标准，然后制作成计划表。值得强调的是，他并非机械性地制作计划表，而是要依据上个月的情况，如与其他公司的竞争状况、商谈的进展情形、客户店面的情况（例如店铺改装、周年促销）等因素，然后再依照各客户的实际情况安排访问日期。

月行动计划表制作需要花费时间和精力，但优秀推销员非常重视此项工作，因为每月行动计划表是达成每月销售目标的必要程序。当然，每月行动计划表的内容，只是较粗略地规划何日到何处等事项，其实只是一项工作"草图"，需要根据实际的工作情况随时做出调整。

此时，周行动计划表就派上用场了。李君所在的公司规定，每周计划行动表要在每周六做好，明确下一周的工作任务，以使每月行动计划表更具体，同时对月计划中所发生的偏差加以调整。这样一来，从整个月来看，每月计划行动的偏差经过调整之后，各客户的访问预定日虽有可能改变，但各客户每月的访问次数，大致上仍可依照当初的计划进行。

周计划表一般包括5个W和2个H，即：When（与客户约定的时间）；Where（与客户洽谈的地点，如客户的事务所、分支机构）；What（要推销何种商品或探听何种情报）；Who（预定面谈的客户）；Why（访问目的，如介绍产品、收集情报、提出估价单）；How（如何推销、如何设定销售要点）；How much（产品价格、订单数量）。

至于日行动计划表，其制作方法与周行动计划表相似，只是内容更加细化而已。

李君用以上的方法，依次做出每月、每周、每日的行动计划，并对计划进行不断修正，使其更具体、更实际，使推销行动更有效率。制订周密的计划，是推销员成功的第一步。

一般来说，推销计划，尤其是较为具体的周、日计划，要遵循以下原则来制订和执行。

1. 具体化

把每日应做事项列成一览表，内容要具体，包括上文提到的5个W和2个H等。

2.顺序优先法

将当日的行动依序先后排列。顺序取决于事项的重要性,亦即把必须先做的事放在前面,而不是以难易程度做决定。此外也要考虑工作任务的类似性,将相似的事项放在一起处理。

3.保留一定的灵活性

推销计划只是大致的准则,并非绝对的原则。尤其是以人为工作对象时,随时会发生突发状况,此时必须随机应变,灵活调整计划,尊重客户的时间安排,否则可能会不经意地冒犯顾客。

◆ 如何制作计划报表

许多人都愿意用表格的形式使计划清晰起来,这就有了计划表。推销员也是如此。

第一次世界大战时期,美国工程师亨利·甘特为促使军舰顺利建造和开发,制作了一种表格(见表1-2。)

表1-2 甘特表

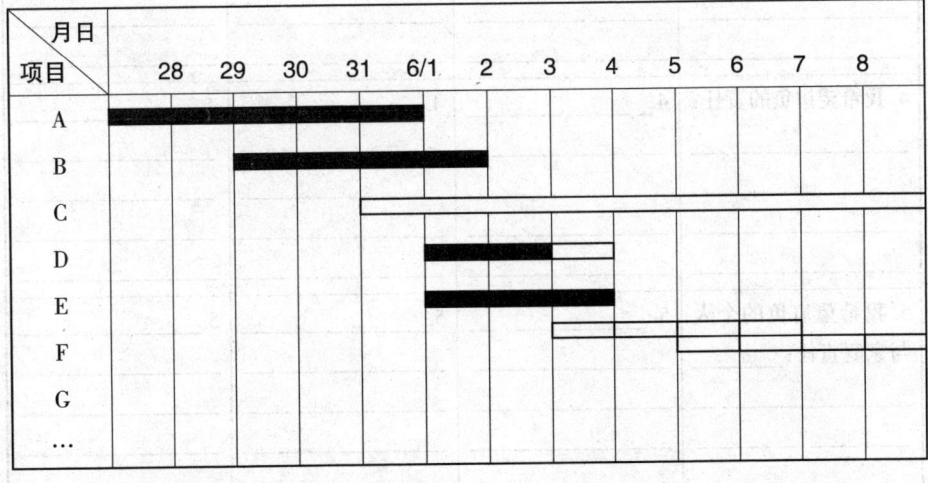

这种表格以纵轴标明计划的项目,横轴标明日期,再用双线表示每项工

作或工序的始末日期，在双线中涂上颜色，表明进度。这种计划表曾为许多人所借鉴，被称为"甘特表"。

计划表如何制订并无一定之规，下面选取几种列出，以供参考。

五年计划表

从现在开始五年内我所要完成的工作	达成目标的障碍	克服障碍的一般性计划	克服障碍的具体计划
1. 我所要从事的工作：	1.	1.	1.
2. 我所要从事的行动：	2.	2.	2.
3. 我希望工作的地区：	3.	3.	3.
4. 我希望担负的责任：	4.	4.	4.
5. 我希望肩负的个人与家庭责任：	5.	5.	5.

每日访问计划表

工作计划	执行情形
（列出今天要访问的顾客）	（记下购买报告对你的管理阶层都有助益）

日期：_____ 访问的顾客

	√	公　司	接洽人	样　本	备　注
1					
2					
3					
4					
5					
6					
7					
8					
9					
10					
11					
12					
13					
14					
15					
16					
17					
18					
19					
20					

新开发的顾客

1					
2					
3					
4					
5					
6					

推销访问计划表

公司名称：_____
具有采购权者：_____　职称：_____
1. 此次访问要达成什么目标？_____   _____   _____
2. 准顾客对我的推销目标有何影响？_____   _____   _____
3. 我必须考虑到准顾客的需求、欲望或问题是什么？_____   _____   _____
4. 我的产品如何满足准顾客的需求或解决他们的问题？_____   _____   _____
5. 有何证据可用来证实我的说法呢？_____   _____   _____
6. 我可预知什么目标？_____   _____   _____
7. 我是否仔细回答了上述第一个项目？我是否具体地解决了此次访问所希望达成的目标？   _____   _____

以上是一个专业推销员在推销前的准备工作，完成这些准备之后，你就要行动起来，正式开始推销工作。

推销产品先从推销自己开始

优秀的推销员先推销的是自己。推销员有了充分的准备和讨人喜欢的言行举止，有利于与客户建立起友情和信任的纽带，得到客户强烈的认同感，大量订单也就随之而来。

成功推销自己，最基本的前提是要有合体的穿着打扮与良好的礼仪规范。

几年前，美国有一位学者研究衣着对个人事业的影响，最后得出的结论非常惊人。他根据这项结论写成的一本《迈向成功的衣着》，成为全美的畅销书。该书用大量的事实论证了这样一个观点：人的衣着打扮与事业发展有着莫大的关系。

某报刊曾报道过这样一件事：一位外商到内地某食品厂洽谈一笔大生意。接待他的一位经理是个不修边幅的人，身上的衣服好几天没洗，发出一股呛鼻的汗臭。外商见状，一语未发，掉头就走。事后这位外商说："连工厂的管理者都这么不讲卫生，我怎能放心与他们合作！"一桩大买卖，就因为管理者衣冠不整而搞砸了。

再举一个成功的例子：人寿保险推销员原一平刚开始从事推销时，每天穿着一件夹克去拜访客户，结果一个月过去了，鞋子磨破了两双，他还是没有签到一份订单。后来，他改变了穿着，每天穿西装打领带拜访客户，不到两天，就签了好几份订单。这个例子充分证明了衣着对推销员来说，有非常重要的作用。

尽管我们常常被教育看人不要单看外表，但不可否认的是，我们与人打交道时——特别是初次见面时，外表对双方的交往起着巨大的作用。外表体面的推销员，卖的商品应该也不错——每个客户都会这么想！反之，如果推销员是个穿着随便的邋遢家伙，客户自然不会相信他有什么值得购买的产品。

不过凡事物极必反，推销员如果过分强调穿着打扮，效果也可能适得其反。例如，有一些身穿成套名牌服装的推销员，打着名家特别设计的领带，举手抬腕之间，腕上劳力士金表金光闪闪，配着引人注目的流行艺术图案袖扣等等……打扮过了头的推销员，易使客户觉得浮夸、做作，难免心生排斥，交易也就很难达成。

下面简略地介绍一下推销员合体适宜的穿着打扮原则。有志于成为顶级推销员的朋友，不妨对照以下原则，给自己来一个合体的包装。

1. 穿着

• 衬衫领带

每天要更换衬衫，注意袖口及领口是否有污垢；衬衫颜色必须和西装、领带协调。

• 西装

西装最好和西装裤同一颜色。把西装的第一个纽扣扣住，西装上口袋不要插笔，两侧口袋注意不要因放香烟、打火机而鼓出来。

• 鞋袜

鞋袜要搭配得当，干净得体，拜访客户时鞋子上如果沾着泥土是相当失礼的。

2. 打扮

• 头发

一流的推销员必有一头梳洗整洁的头发，头发最能表现出一个人的精神面貌。

• 耳

耳朵内须清洗干净。

• 眼

眼屎绝不可留在眼角上。

• 鼻

照镜子时要注意鼻毛是否露出鼻孔，鼻孔内是否干净。

• 口

牙齿要刷干净，口中不可残留异味或异物。

• 胡子

胡子要刮干净或修整齐。

• 手

指甲要修剪整齐，手要保持清洁。手脏的话，你手中的任何产品都会降低价值。

出门前装备齐全

士兵在上战场之前,需要仔细地检查一遍自己所携带的装备是否齐全。推销员在进行推销活动之前,也应养成检查自己"装备"的良好习惯。否则,交换名片时发现名片用完了,合同填了一半发现钢笔没墨水了,如果出现诸如此类的尴尬场面,和一个士兵上了战场后发现头盔没戴、子弹不足又有什么区别?怎么可能不失败呢?

◆ 推销前自查15问

推销高手建议所有的推销员在每一次与客户接触之前,都要检查以下15项内容,确保万无一失才能出发。

(1)是否有充足的时间?要保证绝对准时不迟到!

(2)产品的销售资料是否完备?要保证资料一应俱全并且易于查找!

(3)这位客户的经济背景如何?

(4)他比较喜欢哪一类产品?

(5)他不喜欢哪一类产品?

(6)我向他做些(或做了些)什么承诺?

(7)客户上一次提出了哪些问题?我必须仔细研究清楚,因为对客户的任何问题我都必须能够一一答复!

(8)客户提出了哪些条件?

(9)我还可以向客户推荐哪些相关产品?

(10)我还有什么额外的信息或服务可以提供给客户?

(11)我有什么创意、新消息或有趣的东西可以给客户?

(12)我应如何开展谈话?

(13)我要向客户提出哪些问题?

（14）我准备好的各类产品有哪些？

（15）我应随身携带并且能展示的东西是什么？

◆ 随时检验自己的装备

以上15项推销员自查问题，虽然看起来有些繁琐，但对于推销而言是至关重要的，因为成功来自于重视细节，而失败常常是由于忽视细节。推销高手与庸人，其分野有时只是在于细微之处。想要成为推销高手，请先从细节做起！

据教育专家们的研究，28天的坚持可成就一个习惯。立志做推销高手的你，不妨将推销前的自查工作坚持28天，一旦该项工作成为习惯，相信对你的推销生涯有莫大帮助。

第二章
如何接近目标客户

要想成功地向客户推销产品，首先要接近客户。这个道理虽然简单，但具体到何时、何地、以何种方式去接近，却是讲究颇多。

对于推销员来说，接近推销对象的主要方式有邮件、电话及直接拜访三种，本章将对这三种方式进行详细讲解。

学会使用直接邮件

所谓"直接邮件"，并不是指那种到处发送或塞在信箱里的单张宣传纸，而是发送给特定目标客户的推销资料，包括推销信、宣传册、正式的商业提案等各种形式。它不仅可以用普通的方式邮寄，也可以通过电子邮件或传真来发送。

有效地使用直接邮件，可以为你开发新的市场、增加新的利润和捕捉新的机遇。

◆直接邮件是推销利器

或许有的人会说："我们又不是邮购公司，我只是一个推销员，我认为我用不着直接邮件。"其实不然，你不但需要而且必须用好直接邮件。因为如果你不用，而你的竞争对手却在用（你能保证你的竞争对手不用吗？），那么你将落后于你的竞争对手。所以你必须更快、更好、更多地使用直接邮件这一推销利器。例如美国的推销名人汤姆森·亚当就依靠直接邮件，使其业绩猛然提高四成。

你可以用直接邮件来开发全国或地区性的潜在客户，也可以将潜在客户的范围缩小到某一特定群体——比如医生、律师、电工、新婚夫妻、车主、学校教师或工矿的机械工程师等。客户范围的选择，应该依照你所推销的商品种类而定。比如你推销药品，发直接邮件给医生最好；如果你推销车险，当然应该锁定车主。

至于寻找潜在客户的姓名与联系方式，你可以通过电话簿、黄页、白页、媒体以及专业机构的资料获取，然后按照其不同的购买模式及特殊兴趣分类存档。

你不仅可以用直接邮件发掘潜在客户，还可以用直接邮件巩固与现有客户的关系，或者用直接邮件找回你失去联系的老客户。

◆怎么写推销信

1. 推销信的要素

不管是通过普通邮寄、电子邮件还是传真的方式发出的推销信，目的都是激起潜在客户的购买兴趣，这一点和你在面对面的推销过程中经过分析产品优势、承诺售后服务以及提供优惠价格来吸引顾客购买是一样的。下面是一封推销信所应包括的要素：

• 在文本部分必须清楚明显地显示出你所提供的产品和服务的好处；

• 文中必须提供一些实际的例证——包括对比、分析、证言及公证事项，以此来证明你所宣传的好处和福利是客观存在的；

• 此信必须鼓励对方采取行动，例如订购、回函、来访或是将折价券送回；

• 此信写长一点无妨，语气应当亲切、有感染力，像两个朋友促膝密谈一样。

2. 推销信的标题

标题是推销信的"门面"，好的标题能立刻吸引对方的注意，令对方愿意一口气读下去。推销信标题必须直击要害，告诉对方凭借你的产品及服务可以得到哪些好处、完成哪些事情，或你的产品及服务会如何增加使用者的心理、生理、社交、精神或心智上的满足感与适意感，或通过你的产品及服务可以避免或解决哪些难题、风险。

3. 推销信的文本

推销信的文本应向对方显示你的产品的优点，一开始就明白地显示出某个特别的好处，然后再逐步加强，揭示更多的好处。当你在撰写文本的时候必须注意：你既要推销，但也要设身处地为对方着想，想想对方需要什么，然后有针对性地推销你的产品。

在你动笔写推销信之前，要先想一想，详细地研究你的产品，找出些新鲜的点子，并且寻找能够打动读者的切入点。此外，如果你仔细地分析你的推销记录、客户资料以及服务档案，就会明白消费者在意哪些事。

接下来，你必须证实你所说的话可信度高，你可以用大量的事实和证据来证明这一点。人们在做出感性的购买决定时，需要理性的原因来说服自己，而事实与证据可以给对方一个说服自己的理由，使他们认定自己的购买决定是明智的。

4. 用事实说话

当你在呈现事实时，要从一般人所能知道并且能接受的基本事实开始。你在介绍这些众所周知的事实时，同时也为后面的内容建立了可信度。

能够让对方印象深刻的事实及声明包括：

- 对结构、材料、制作工艺的特别介绍。
- 有关员工的经验、信用、技巧的细节。
- 你的竞争者缺乏的特殊生产或递送的程序。此外，即使是大家都在应用的标准作业程序，如果你的竞争对手并未强调，也可以拿来利用。
- 使用数据、记录、文件或案例研究。
- 过去和现有客户中的名人，可设法取得他们的推荐。

5. 推销信应多长

一封好的推销信应该有多长？答案是要长到可以形成一个完整、有一定信息量并且有趣的故事。有人认为长篇大论的信不会有人阅读，其实并不然。

如果一封信能够吸引对方，要他读多少页都可以。一封好的推销信要长到可以叙述一个完整的故事，并完整地表达必要的内容。

推销信中无聊及枯燥的内容必须删去，但不要放弃有趣而吸引人的事实、强而有力的购买理由或是那些可以使你的产品增添光彩的特别信息。

大多数成功的推销信有 8 页、12 页甚至 16 页之长，每个段落都要有充足的信息，每一部分都将整个主题步步往前推。如果你的推销信很有趣，对方就会逐字逐句读下去。

6. 要求对方回应

如果你的推销信标题很吸引眼球，文本部分重点突出、证据充分，但是没有要求对方立即采取行动回应你，那么一切都是白搭，对方即使对你的产品动心了，也无法转化成购买行为，真是令人感到可惜。

推销信中要求对方行动的语言应该十分直接，让他们知道自己应该如何做，例如以下的表达方式：

- "请马上拿起电话和我联系。"
- "不要让这个机会和你失之交臂。今天就将回复寄给我们。"
- "在销售结束前请将你的订单寄来，越快越好。"

可以经常使用以下方法来刺激对方行动：

- 提供一个完全由销售方承担风险的方案。
- 告诉读者如果不及时回应，就会错过获取优惠的机会。
- 明确而巧妙地告诉对方你将如何对待他们的回应。

◆ **怎样应对客户的回复**

你寄出直接邮件后，如果目标客户回函或是寄电子邮件给你，表示他们对产品很有兴趣。他们可能会在邮件中提出他们的问题、需求与目的。收到客户的回复，你应在第一时间内打电话与他们联系。而在你打电话给他们之前，要先做好准备。

首先要仔细看看他们寄来的回函，了解他们的目的和可能存在的疑虑，准备好自己的回答，使自己成为解决问题与提供利益的人，以此赢得客户的信任。

以下是一个推销员给客户打电话的范例：

"请问李先生在吗？"

"我就是。"

"我是北方地毯公司的小肖，您来函说想要铺设新地毯，我可以给你提供新的地毯。请问您现在方便吗？"

"方便。"

"能否请您谈谈您要找什么样的地毯？让我了解您的需求。"

"我是室内设计师，目前为几位业主做设计，想要购买一些不同样式的地毯。"

"我可以帮您找到您需要的地毯，如果我深入了解您的需求，将更有帮助。您觉得呢？"

"你的意思是？"

"我们找个时间见面谈谈，详细讨论您的要求与需求，看我如何给您提供服务，当然，这是不收任何费用也不要承担责任的。下星期您什么时候有空？"

"星期二可以，小肖，你需要多少时间？"

"您有多少时间？"

"大约一个半小时，星期二早上八点半，到我办公室怎么样？地址是市中心南大街108号。"

"下星期二早上八点半，到您的办公室，就这么说定了。"

这段对话里包含以下几个要点：

• 李先生来函说明他需要地毯。

• 小肖打电话给他，表示对于他的需求很感兴趣。

• 小肖打电话的目的就是约定时间见面，讨论李先生对地毯的具体要求。必须让李先生觉得，这对于他是有利的。小肖告诉他如何安排这次见面，并让他同意这样的安排。

◆ 怎样进行电话预约

电话预约的目的，是为与目标客户会面而做事前安排。如何进行电话预约，也是一门学问。

与目标客户通话时，你可以先问对付几个很简单的问题，这样做可以让他们感到自在一些。不要直接提出预约需求，否则对方很容易拒绝。

一旦对方对你"颇有好感"，你就可以将话锋一转，提出预约需求，要很自然婉转地变换话题，注意千万不可与目标客户争辩，或是强迫与贬低对方。

请不要直接称呼对方的名字，也不要耍小聪明，说你是在回他的电话，或是说他的朋友要你打电话给他（结果你根本说不出这朋友的名字），更不要随便给对方加上不存在的头衔，以免引起误解。

电话预约跟开门做生意一样，最好还是童叟无欺。在电话预约中，你有30秒钟的开场白时间说服目标客户听你说话。这样的开场白必须能引起他的兴趣，要说明你是谁，你要做什么，以及为什么他应该听你说话，要立刻让他感受到你会给他带来好处。

清楚地说出你的名字与公司的名称，然后说明你打电话的原因。告诉目标客户你是如何知道他的姓名和联系方式，说明你的产品或服务有何好处。介绍完产品之后，要问他有没有时间见面，然后问他一些试探性问题，判断他是否可能成为你的客户。

一般来说，电话预约分三部分：

1. 试探性提问

接通对方的电话，推销员首先介绍自己所属的公司，然后再进行试探性的提问。例如：

推销员："本公司所生产的螺旋藻是深受消费者喜爱的保健品，希望能有幸拜访您，向您介绍我们的产品。"

客户:"……"。

如果这时推销员马上跟进:"下周六的上午或下午,您有空吗?"

这样做虽说是想取得预约,但往往会落空。因为客户这时还有较强的戒心,很容易拒绝你,此时正确的做法是转变话题。

推销员:"您服用过这种保健品吗?"

客户对此的回答有三种:

"正在服用。"

"服用过。"

"没用过。"

2. 诱导性提问

面对客户的回答,推销员也可以有三种回答:

"是哪家公司的产品呢?……您服用的效果如何?"

"为什么停止服用呢?"

"为什么不服用呢?"

这些提问都会成为你介绍产品的铺垫。根据其回答,就可以抓住机会,有针对性地介绍你公司商品的优点和销售服务了。

这时,客户会向你了解本公司产品的特征和售后服务。你可以顺势进一步提问,诱导其进入下一个阶段,例如:

推销员:"服用这种保健品,你是否觉得身体比过去更好些呢?"

3. 想象式提问

对刚才的提问,如果对方的回答是否定的。你就应该通过提问,使对方切实感受到你公司产品的好处,例如:

"本公司产品的原料和工艺都是一流的,在用户中有很好的口碑,你是否想要了解一下呢?"

"好吧。"

如果客户做出这样的回答,就是明白无误地告诉你他已经同意预约了。即使对方沉默不语,但也说明时机已经相当成熟,你的一只脚已经迈入"预约"

的门槛了。

◆改进提问方法

跟目标用户交谈时，必须学会如何问问题，因为这是决定预约能否成功的关键所在。请记住下列要点，以改进自己的提问方法：

（1）打电话之前，必须很清楚你想要知道什么，将自己要提的问题列出来。

（2）在提问前征求对方的同意，很有礼貌地请求客户同意你提问。

（3）发问的时机要正确，不要表现得好像是在审问对方。

（4）先问一些较简单的问题，让对方觉得轻松，使谈话可以继续。当对方显露出需求与担忧时，你的问题就可以变得比较深入。

（5）从对方的回答去发展话题，让对方感受到你正在仔细听他说话。

（6）问题的数量要准备好，如果问题太少就无法获取足够的信息，而问题太多也可能会让对方失去耐心。

（7）不要问理所当然的问题（例如，"你当然想价钱更便宜一点啰！对不对？"），这种问题完全是浪费时间，还会让对方轻视你。

另外，打电话给客户时还有几个重点问题必须注意。第一，打电话给目标客户之前，最好先寄推销信（或者是刊登广告）。第二，无论是打电话或面对面谈话，都要表现得亲切有礼、诚实可信。第三，要一再强调你打电话给他，是为了他的利益，为了协助他满足需求。如果你不知道你的产品对客户有什么好处，就不可能推销出任何东西。

◆怎样确定预约日期

在电话推销中，对方同意和你见面后，接下来就要确定访问的具体日期。决定在何月何日何时访问相当重要，如果决定不下，则无法定下预约。

这时，推销员为了表示对客户的尊重，可以问："那么您哪天方便呢？"

不过，若由客户来决定，因为其心中可能还有一些犹豫，因此很难下定决心。所以，在电话推销或是在其他推销中，经常使用的方法是"二者选一式的提问"，不是让客户决定，而是由推销员给出建议，让客户进行选择。例如：

"想必您一定很忙，那么下周一或周三，您哪天有空呢？"

"下周一，您看是上午还是下午好呢？"

如果对方回答："都行。"则表明推销员已经取得了预约。

预约时间确定之后，由于一些原因，对方有时也会另改时间。这时你就要以同样的方法来重新确定预约时间。聪明的方法是指定在最初指定日之前。例如，如果约定了下周但对方临时有事，可将约定时间向前推："那这周星期五上午或下午怎么样？"

如果将约定时间向后推，客户回答也没空，访问就会无限期地推迟下去，最后很可能不了了之。

此外，约定一个不易忘记的访问时间，是许多推销高手惯用的技巧。比如说："那就这样说定了，星期三下午3点过3分去见您。"客户会比较不容易忘掉这个约会时间。与此类似的还有11点11分，16点16分等等。要是客户问起，为什么定这么精确的几点几分，推销员就可以说："我是十分注重时间管理，分秒必争的人。"

无论如何，推销高手会尽力避免订下诸如10点整、12点整之类的整点时间，原因在于：客户本身都会有自己的时间安排，每一个整点时间要做什么，如果你约一个整点时间见面，他会下意识地认为你可能要花上他一整个钟头的宝贵时间，有可能因此而犹豫甚至拒绝你。如果约定10点30分见面，客户会自动认为这个约会应该是半个小时就够了，这种情况下，他比较容易接受。

◆一定要站在客户的立场

在电话推销的过程中，客户通常都会一而再、再而三地拒绝见面，这时推销员要见机行事,用巧妙的语言缓和气氛,争取客户的同意。

客户会说:"我没时间!"

这时推销员应该说:"我理解!我也老是时间不够用!不过,只要3分钟,您就会相信,这是个对您绝对重要的议题……"

客户会说:"我现在没空!"

推销员应该回答:"先生,美国富豪洛克菲勒说过,每个月花一天时间在钱上好好盘算盘算,要比整整工作30天来得重要!我们只要花几分钟的时间!麻烦您定个日子,选个您方便的时间!我星期一和星期二都会在贵公司附近,所以可以在星期一上午或者星期二下午来拜访您一下!"

客户说:"我没兴趣。"

推销员可以说:"我完全理解,对一个手上没有什么证明材料的事情,您当然不可能立刻产生兴趣,有疑虑或者有问题是十分合理自然的,让我为您解说一下吧,相信您一定会产生兴趣的。"

客户说:"我不想参加!"

推销员可以说:"我非常理解,先生,要您对不晓得有什么好处的东西感兴趣实在是强人所难。正因如此,我才想向您亲自报告说明。星期一或者星期二过来看您,行吗?"

客户问:"请您把资料寄给我怎么样?"

推销员可以说:"先生,我们的资料都是精心设计的纲要和草案,必须配合营销专员的说明,而且要对每一位客户分别按个人情况再做修订,等于是量体裁衣。所以,最好是我星期一或星期二来当面向您说明,您看是上午还是下午比较好?"

客户说:"抱歉,我没有钱!"

推销员可以回答:"先生,我知道只有您才最了解自己的财务状况。不过,现在先好好做个全盘规划,对将来才会最有利!我可以在星期一或者星期二过来拜访吗?"

推销员还可以这样说:"噢!我了解,要什么有什么的人毕竟不多。正因如此，我们现在开始选一种方法，用最少的资金创造最大的利益，不是对未来的最好保障吗？在这方面，我相信我们可以帮助您，可不可以下星期三，或者周末来拜见您呢？"

客户说："目前我们还无法确定今后的业务发展情况。"

推销员可以说："先生，我们先不要担心这项业务日后的发展，您先参考一下，看看我们的供货方案优点在哪里，是不是可行。我星期一来造访还是星期二比较好？"

客户说："要做决定的话，我得先跟合伙人谈谈！"

推销员可以回答："我完全理解，那么，我们什么时候可以跟您的合伙人一起谈？"

客户说："我会再跟您联络！"

推销员可以说："先生，也许您目前不会有什么太大的意愿，不过，我还是很乐意让您了解，要是能参与这项业务，对您会有多大的利益！"

客户问："说来说去，还是要推销东西啰？"

推销员可以回答："我当然是很想销售东西给您啦！不过，只有能带给您好处，让您觉得值得期望的产品，我才会销售给您。有关这一点，我们要不要一起讨论研究看看？下星期一我来看您？还是您觉得我星期五过来比较好？"

客户说："我要先好好想想。"

推销员可以说："先生，其实相关的重点我们不是已经讨论过了吗？容我直率地问一句：您的顾虑是什么？"

客户说："我再考虑考虑，下星期给你电话！"

推销员可以回答："欢迎您来电话，您看这样会不会更简单些？我星期三下午晚一点的时候给您打电话，还是您觉得星期四上午比较好？"

怎样拜访客户

拜访客户有两种形式：一是事先已和客户通过电话、邮件或其他方式约好了会面的时间，这种拜访叫计划性拜访，对于推销来说极其有利；另外一种是陌生拜访，即没有预约，直接去客户处进行拜访。

不管是预约拜访还是陌生拜访，对于推销员来说，都是充满考验与挑战的。推销员在客户心目中留下的第一印象的好坏，将决定接下来的推销顺利与否。

◆ 拜访要选对时机

优秀的推销员应该怎样选择对客户的最佳拜访时机呢？

例如，从事青果和鲜鱼买卖的零售业者，一大早就必须到市场去进货，回来后又准备展示及出售，所以上午时间不适于前往访问，而到了黄昏时刻，顾客不断增加，更是他们一天之中最忙碌的时候，因此，推销员应选择中午或晚饭之后再去拜访，才不会引起对方反感。假如访问对象是医生，则午休时间及晚上诊疗结束后为最适当的访问时间。有些推销员没有考虑客户是否方便就贸然前去拜访，因而时常遭遇失败。

曾有一位推销员到某家饮食店拜访，他数次前往该店，那位老板不是避而不见就是告诉他："我现在很忙，请改天再来。"如此一而再、再而三地找各种借口推却，终于有一天，这位推销员忍不住以调侃的口气道："老板，不管您多么忙碌，半夜里总能抽出时间吧？"老板回答说："半夜里是有一点时间。"于是这位推销员便告诉他："好，那么我半夜里再来。"回到家之后，推销员不禁想道："我原来只是随口说说而已，万一他果真等我前往，该怎么办呢？"怀着半信半疑的心理，他在深夜12点又再度来到这家饮食店，结果发现那位老板果然正在等着他，双方相谈甚欢，生意很快就做成了。

由此可见，如果想获得客户的好感，千万不能仅以自己的工作方便来考虑，必须要配合客户的时间去推销才行。

表2-1是针对各行业推销的时段分析表。

表 2-1　推销高手决定胜负的时段

时　段		代表性行业
上午 10 时以后	4%	损害保险（12%），证券商（10%）
上午 10 时至 12 时	12%	缝纫机（54%），饭店（50%），服务业（48%），事务机器（39%）
午休	7%	化妆品（21%），医药品（20%），人寿保险（17%）
下午 1 时至 4 时	34%	家庭用品（71%），租赁业（60%），百货公司（58%），化妆品（50%），食品和酒（49%），损害保险（47%）
下午 4 时至 7 时	15%	证券商（42%），工、建、农机器（37%）、医药品（34%）
下午 7 时至 9 时	19%	住宅（55%），汽车（42%），工、建、农机器（37%）
下午 9 时以后	1%	住宅（7%）

注：黑线条的数字为所有行业的平均数。各行业的平均数是该行业推销高手所填写"决定胜负"的人数比率。

引起客户注意的 6 个方法

在课堂上老师会采取突然提问的方法，以促使学生注意听课。老师清楚地知道，如果学生上课时不专心听讲，那么他所做的一切都是白费口舌和浪费时间。

同理，要是推销员无法引起客户的注意，他就无法引导与带动客户的思考方向，他的推销话语就法激起准客户的兴趣和购买欲望。

吸引客户注意力的不仅是推销的产品，更重要的是推销员本人。推销员不能像老师要求学生那样对待客户，他只有依靠"内功"来吸引客户的注意力。

下面介绍推销员必修的四种"内功"：

1. 别出心裁的名片

别出心裁的名片能吸引客户的注意。名片是一个人的能力和个性的直接反映，如果你的名片毫无特点，便无法引起客户的注意。相反，如果名片设计独特，不但能有效传达个人和公司的信息，必定也能引起客户的注意。客户对你会产生一种特别的注意，对你的言谈举止也会特别地留意。

如今，你能以极低的成本，迅速制作出不同形式、图文并茂的名片。因此，你可针对不同的拜访对象，设计并使用不同形式的名片，以吸引初次见面的目标客户。

南方某报的征订主管曾使用报社统一印发的名片，名片的格式设计呆板，毫无新意可言。后来他尝试自己设计与打印名片。他在他的名片正面打上"您没有订阅《××报》的原因……"几个大字，然后又在名片反面打上"可能是因为您不了解他"。这一招颇有效果，他初次拜访的许多客户因此而产生兴趣，给予他讲解《××报》的特点的机会，另外，他散发出去的名片所产生的电话订单也大大增加。

尝过这个甜头后，这位征订主管灵机一动，索性设计了几种不同版本的名片，根据自己对客户类型的判断，发放与之相同风格的名片。如对新生代的年轻客户，他发放的名片设计风格前卫超群；而对于年纪较大的客户，他发放的名片设计风格成熟稳重……事实证明，他的"名片制胜术"的确收到了不同凡响的效果，他的报纸征订单成倍增加。

2. 请教客户的意见

请教是吸引客户注意的一个很好的方法，如果你能找出一些与业务相关的问题，效果会更佳。当客户表达看法时，你不但能引起客户的注意，同时也了解到客户的想法，还能让客户感到自己受重视。

一位名叫田付军的推销员在广州寿险界小有名气。他从事寿险推销时，曾有一次在没有预约的情况下拜访了某出版社的编辑赵老。

赵老那时在出版社改稿，见田付军走进去，问道："你找谁？有什么事吗？"

田付军回答："我找您，我是××保险公司的寿险顾问……。"

"噢，你是推销员？"赵老盯了田付军几秒钟，"年轻人，刚入行的吧？作为一个推销员，你刚才至少犯了三个错误。"

"那么，我想向您请教，我犯了哪些错误？请您一定要不吝赐教！"

接下来，赵老分析了田付军刚才进门时一连串的动作中的错误，令田付军心悦诚服地频频点头。

田付军与赵老告别时，赵老还顺手向田付军推销了一本关于推销技巧的专著——这本书是赵老编著的。

在此，我们不能笑话田付军推销不成反被推销，事实上，田付军的这一招是相当高明的：他在请教赵老推销方面的知识时，满足了赵老被人请教的优越感；而他最终买下赵老编著的书——事实上此类的书他已经有不下十本了，这一举动也无疑令赵老脸上有光。这时，田付军与赵老的关系已经不再是推销员与客户这层简单的关系了，他们之间的关系发展到了学生与老师的关系。

三个月后，田付军第二次拜访赵老。

"赵老，我这次是来向您道谢的。您给我的教导令我茅塞顿开，您编著的书更让我读后如醍醐灌顶，我现在的业务量节节升高，这都是您的功劳呀！"

田付军与赵老寒暄了一阵后，又向赵老请教了一个业务上的问题，这个问题是："如何向一位德高望重、知识渊博的老师推销？"在得到赵老答复的同时，田付军如往常一样用心地把赵老的话记在笔记本上。然后，他依照赵老所教的方式，向赵老推销起来……

不出所料，赵老在十分受用的情况下在保险单上签了名。

3. 迅速指出客户能获得哪些重大利益

"急功近利"是现代人的通性，因此，迅速地告诉客户通过你的产品能立即获得哪些重大利益，是引起客户注意的一个好方法：

"您知道一年只花几块钱就可以防止火灾、失窃吗？"保险推销员开口便问客户，客户显得很有兴趣，推销员紧跟一句："有兴趣了解为您带来保障的保险吗？"

铲车推销员问某工厂管理人员："您想缩短材料搬运时间吗？"工厂管理人员正是负责这项工作的，马上表现出极大的热情。

以上两个例子中，如果推销员直截了当地问是否需要保险、是否需要铲车，而不是首先强调保险、铲车带来的好处，效果就会差许多。另外，你还可以开门见山地告诉客户，你可以使他获得哪些利益。例如：

"张经理，我是来告诉你节省贵公司三分之一电费的方法的。"

"王主任，安装这部发电机，一年内将会使贵公司多赚200万元。"

"吴先生，您是否常常会感到会计工作复杂、乏味，且费时甚多？使用本公司的电脑处理账务软件，您就会发现可提高您账务处理的效率，直接为您的企业带来降低成本、创造更高利润的结果。"

4. 寻找共同话题

推销员初次拜访客户时，为了展开谈话，必须找到双方的共同话题，而且通常都是由推销员来迎合客户。倘若客户对推销员的话题没有一点点兴趣的话，推销是不可能成功的。

推销员为了和客户建立良好的人际关系，最好在拜访之前先收集有关的情报，尤其是在第一次拜访时，事前的准备工作一定要充分，这样才能尽快找到共同话题。

而在双方交谈的过程中，询问是绝对少不了的，推销员在不断地发问当中，很快就可以发现客户的兴趣所在。

例如，看到橱窗里有很多的古董，推销员可以问："您对古董很感兴趣吧？"看到高尔夫球具、溜冰鞋、钓竿、围棋或象棋，都可以拿来作为话题。

推销员与客户打过招呼之后，谈谈客户深感兴趣的话题，可以使气氛缓和一些，接着再进入主题，效果往往会比一开始就立刻进入主题来得好。

对于客户感兴趣的东西，推销员多多少少都要懂一些。要做到这一点必须靠多年的积累，而且必须努力不懈地来充实自己。

日本寿险"皇帝"原一平为了应对各种各样的客户，每星期六下午都要到图书馆苦读，学习各种知识。他研修的范围极广，上至时事、文学、经济，下至家庭电器、烟斗制造，几乎无所不包。

在与目标客户谈话时，原一平的话题就像转盘一样转个不停，直到客户对该话题发生兴趣为止。

举例来说，在与客户见面后，先谈时事的问题；如果对方没反应，立刻换嗜好问题；如果对方还是没反应，再换股票问题，如此这般，总能找到客户感兴趣的话题。

原一平曾与一位对股票很有兴趣的客户谈到股市的近况。出乎意料的是，客户反应冷淡。原一平心想：莫非他自己把股票卖掉了？原一平接着谈到未来的热门股，客户眼睛发亮了。原来他卖掉股票是为了添购新屋，他对房地产的近况谈得很起劲。最后原一平知道他正待机而动，准备在恰当的时机，卖掉房子，再买未来热门股。

原一平就是用这种不断更换话题的"转盘法"，寻找出准客户的兴趣所在。

针对不同的客户用不同的方法

俗话说"一把钥匙开一把锁"，针对拜访客户过程中遇到的不同情况，推销员应采取不同的对策。

1. 面对公司前台的技巧

（1）你要用坚定而清晰的语句告诉前台你的意图。

例如：您好。我是××公司的丁政，请您通知总务处王处长，我来拜访他。

（2）如果你在没有预约的情况下拜访，如何知道总务处处长姓王呢？你可用下面的一些方法：

①伺机询问进出公司的员工，如"总务处李处长的办公室是不是在这里"？对方会告诉你总务处的处长姓王不姓李。

②同样，你可用①的方法，告诉前台你要找总务处的李处长，前台会说总务处只有王处长，此时，你可说抱歉，记错了。

③知道拜访对象的姓及职称后，你最好说出是哪个部门的哪个处长或经理，或是直接讲名字，这样能让前台认为你和受访对象很熟。

④你的拜访对象可能不在办公室，因为你心里要先准备好几个拜访的对象，如陈处长不在时，你可拜访总务处的经理或科长。

（3）和拜访对象完成谈话后，离开公司时，一定要向前台打招呼，同时请教对方的姓名，以便下次见面时能立即叫出名字。

2. 面对秘书的技巧

（1）向秘书介绍自己，并说明来意。

例如：我是××公司丁政，我要向王处长报告有关员工福利的提案事项，麻烦您转达。

向秘书说明来意可用简短、抽象性的字眼或用一些较深奥的技术专有名词，让秘书认为你的拜访是很重要的。

当你发现拜访对象不在或正在开会时，可依下列步骤处理：

①请教秘书的姓名。

②将名片或资料交给秘书，请其转交给拜访对象，同时在名片上写上"某月某日，拜访未能谋面，拟于某月某日某时，再专程拜访"。

③尽可能从秘书处了解一些关于拜访对象的个性、作风、兴趣等信息。

④向秘书道谢，并请对方提醒你的拜访对象下次拜访的时间。

（2）秘书向你的拜访对象传达你的来意后，可能会出现下列情况：

①秘书请你会见拜访对象。

②拜访对象要求秘书询问你来访的目的是什么。

此时，你要说一些能引起拜访对象兴趣的话题，例如：我想向王总经理报告有关如何以节省的税金，增加个人的保障。

③秘书转达说拜访对象现在很忙，没有空。

此时，推销员可表示愿意等30分钟或请拜访对象约好下次见面的时间。

④秘书转达说要推销员找第三者接洽。

此时，推销员可以按照拜访对象的要求，会见第三者。会面后你应确认第三者是否有权力决定缔约，若无权力缔约时，你可以报告讨论结果为理由，和拜访对象再次约定会面的时间。

3. 拜访公司决策人的技巧

过了秘书这一关，推销员还只是"万里长征走了一小步"，推销员下一个面对的是公司的决策人。面对公司决策人，推销员绝不能畏畏缩缩，应以自信的形象直奔主题。因为大凡公司的领导，都有紧密的工作时间安排，他们更懂得"时间就是金钱"这句话，不愿意与你"捉迷藏"而浪费宝贵的时间。

下面是某推销员拜访某公司决策人的范例：

双方对话	动作和说明
推销员：王总经理，您好。我是××公司的推销员丁政，请多多指教。	推销员丁政以稳健的步伐走向王总经理，当视线接触至王总时，轻轻地行礼致意，视线略停在王总的鼻端。当走近王总前停下，向王总深深地点头行礼。推销员丁政应面带微笑，先向王总经理问好并自我介绍。
王总经理：请坐。 推销员：谢谢。非常感谢王总经理在百忙中抽出时间与我们会面，我一定要把握住这么好的机会。 王总经理：不用客气，我也很高兴见到你。	丁政非常诚恳地感谢王总经理的接见，并表示要把握住这个难得的机会，让王总经理感觉到自己是个重要的人物。
推销员：××公司在王总经理的领导下，业绩在行业中领先地位，真是令人钦佩。我拜读过贵公司内部的刊物，知道王总经理非常重视人性的管理，员工对您都非常爱戴。	丁政将事前调查的资料中，有关尊重人性的管理这点，在寒暄时特别提出来，以便待会儿对诉求团体保险时能有一个好的前提。
王总经理：我们公司是以直接拜访客户为导向，需要员工有冲劲和创意。冲劲和创意都必须靠员工主动去做的，用强迫、威胁的方式是不能成为一流公司的。因此，我特别强调人性的管理，公司必须尊重员工、照顾员工，员工才会真正地发挥潜力。	
推销员：王总经理，您的理念确实是反映出贵公司经营的特性，真是有远见。我相信贵公司在照顾员工福利方面不遗余力，已做得非常多。我谨代表本公司向王总经理报告有关本公司最近推出的一个团保专案，最适合外勤工作人员多的公司采用。	丁政先夸赞对方，然后表达拜访的理由。

续表

双方对话	动作和说明
王总经理：新的团体保险？ 推销员：是的。王总平常那么照顾员工，我们相信王总对于员工保险这项福利知道得一定很多，不知道目前贵公司有哪些保险的措施？	丁政采用夸奖，并提出询问的手法。 进行有效的夸奖的手法有三个方式： ①夸奖对方所做的事及周围的事务。 如：您办公室布置得非常高雅。 ②夸奖后紧接着询问。如：您的皮肤这么白，您看试穿这件黑色礼服怎么样？ 代第三者表达夸奖之意。如：我

另外，在拜访公司决策人时还应注意的是，在与对方结束谈话告辞时，要记住：

①谢谢对方抽时间与自己会谈；

②提醒此次会谈后，彼此可能要了解及准备的事项，以备下次做深入商谈；

③退出门时，轻轻向对方点头，轻轻叩门时也要面对对方，切不可背对对方反手关门；

④离开公司时要向秘书或前台打招呼。

5. 如何拜访自己不喜欢的客户

无论是谁，都有自己所讨厌的人或不愿与其打交道的人。工作上，按理说推销员是不应挑剔别人的，但是推销员毕竟也是人，当他与自己不喜欢的人会谈时，那种痛苦的滋味实在令人难以忍受。

由于工作关系，有时推销员会竭力地忍耐，尽量不加表露，并顺着对方的意思以图接近对方，但是气氛怎么也融洽不起来，一见对方就反感，对方的一举一动、一言一行看起来都非常别扭。会谈时如果有好几位这样的人在场的话，那问题就更大了。

另一方面，因自己不喜欢对方，受潜意识的支配，势必会不自觉地反映出来，对方对此一定会很反感，也会像你不喜欢他一样地不喜欢你。这样一来会谈的结果就可想而知了。

如果对方是本公司一位不可缺少的大客户时，那问题就严重了。这样的客户在本公司是很有发言权的，如果因你看不惯他而导致他看不惯你，那你的"饭碗"随时都可能被对方给砸了。

为了不使这样的悲剧发生，你该怎么办呢？

首先，要下决心改变自己的思维方式。要这样想：即使遇上自己最讨厌的人也应该感到高兴，因为这才算是"遇上了自己最好的老师"。正因为自己不善于与这样的人打交道，才要学习如何与这样的人打交道，如果这样的难题也能克服，那么在人际关系方面就再也没有解决不了的问题了。

具体的做法是把讨厌对方一举一动、批评指责对方的一切想法都完全彻底地抛弃掉，在非原则问题上顺从对方，这样就不会感到别扭，而你在对方的眼里也将成为一位性格开朗且率直的人。当然，对方提出不正当的要求则是另当别论了。

按照上述要求去做即可有效地控制住自己，并顺利地与对方应酬，到时你也会感到自己与以前大不相同，不但能够看到对方的不少长处，同时对方对你的态度也自然变好了。在这种情况下，双方就可以顺利地对话，并进一步开展交易了。

◆锁定重点客户

直接拜访是一种传统却十分行之有效的接近客户的方法。通过直接拜访，推销员可以获得许多一手资料，全面评价目标客户，挑选出最有希望成交的目标客户，以便下一次推销时少做无用功，集中火力，对重点客户进行重点"进攻"。

全面评价目标客户，推销员可以从以下四个方面着手：

1. 看对方是否需要你的产品

如果对方不需要推销员的产品，无论推销员如何努力，也难成功，同时也浪费了宝贵的时间，打击了推销员的积极性。虽然有些推销员可凭其技巧使客户购买其并不需要的产品，但这种强力推销或软磨硬泡，就算偶有斩获，也是弊大于利，因为这种推销手段破坏了推销员的信用，损害了推销员的形象，从长远来看，是不利于推销员事业发展的。

2. 看对方对产品的需求量

经过对客户的初步筛选，推销员手中已掌握了一些有购买需要的目标客户，接下来的问题是确定其需求量。通常情况下，推销员应将那些需求量大或准备长期购买的客户列为重点，优先登门拜访；对那些需求量较小或一次性购买的，则应从时间和费用上加以比较、权衡。有可能的话，尽量去拜访每位有购买需要的目标客户；如果这样做的成本大过收益，就应慎重考虑。这里需注意的是，应该用发展的眼光看待客户的需求数量，不能停留在一时一事上。

3. 看对方的购买力

如果某位目标客户对你的产品有购买需求，是否就意味着你肯定能推销成功呢？答案是不一定，因为若这位目标客户只有购买的要求，而无实际的购买能力，那你只能忍痛割爱，或等对方经济充裕再作考虑。当然，如果你对目标顾客的资金状况比较了解，知道他有一定的信用，也可考虑分期付款、赊销等方式，但还款期不宜太长。

4. 看对方是否有权决定购买

推销员如果向一个无权决定购买的人推销，只能白费力气。为了提高推销效率，推销员必须明确目标客户是否有购买决策权。

对于一般家庭来说，如果是夫妻双方共同收入、共同消费，购买决定权一般较集中，可能是先生，也可能是夫人，或者是两人协商再作决定。准确地把握这一点，是推销成功的前提之一。所以当你推销汽车时，并不一定非要以对汽车有兴趣的男主人为主作推销，同样当你推销日用品，也不一定以女主人作主要说服对象。关键是：谁有决定权，就以谁作为主要推销对象。

对于单位（团体）购买者来说，推销员同样要善于分析谁是购买决策人，哪些部门归谁管，哪些事务谁负责，这些情况都是推销员所应掌握的。

俗话说："知己知彼，百战不殆。"直接拜访能在一定程度上让推销员做到"知彼"，了解目标客户的情况。"知彼"之后，推销员应建立起自己的目标客户档案，档案内容越详细越好，以便客户资源的维系和进一步开发。

第三章
培养与客户面谈时的销售力

推销的过程一环扣一环，而面谈是其中最重要也最困难的一环。在面谈的过程中，客户"买"与"不买"已到了决定时刻。一个专业的推销高手，能通过面谈将客户的"不买"改变成为"买"；而一个蹩脚的推销员，只会令原本打算"买"的客户掉头而去。推销员在面谈过程中的言行举止，直接决定客户决策的选择。

在接近客户的阶段，你虽然已经做了许多吸引客户注意力和引发客户兴趣的前期工作，但在面谈时，还应该继续努力应用多种推销技巧，引发客户更大的兴趣，刺激客户做出购买的决定。概括而言，面谈的目的无非是两个：

一是继续强化客户对产品的兴趣，并极力推荐自己的产品。推荐时推销员一定要注意不能从自己的立场出发强迫推销，而要与客户沟通，帮助客户发现问题、解决问题，然后再给出适当的推销建议，将产品推荐给客户。

二是促使客户对产品的兴趣转化为购买的欲望，进而做出购买的决定。

对产品的兴趣只是客户的一种心理状态，并不意味着客户一定会采取购买行动。所以推销员在引起客户注意、激发其兴趣之后，还要让客户充分认识到你的产品所具有的满足其需要和解决其问题的功能及价值，进而加强客户对产品的信心，坚定其购买的信念。

另外，在面谈之前，客户往往会有很多疑虑和担心，比如你所要提供的是什么样的产品，有什么特点，性能如何，价格能不能便宜一些，耐用程度如何等等。这些问题客户可能会在面对面的洽谈中提出，希望推销员能够给予一个满意的答复。推销员对于客户的种种疑虑，不能轻视，应当把它作为面谈前必须解决的问题而加以重视。否则，客户的疑虑得不到消除，交易就不可能达成。

在整个面谈过程中，客户心里的疑虑越少，推销成功的机会便会越大。所以，在面谈之前，你就要将产品的价格、保养、维修、性能、运输条件等客户可能提到的问题一一列出,并针对这些问题,准备好最佳的答案。一旦客户提出有关问题,便可给予圆满答复,为成功面谈奠定坚实的基础。

练就强大的表达能力

在面对面的交流与沟通中,有口头语言与肢体语言两种表达方式,推销员对这两种方式都应掌握娴熟。

◆语言表达能力

对于一个推销员而言,语言表达能力是最基本、最重要的,是其销售力的核心体现。

推销员在与客户面谈时,在语言表达方面要注意以下问题:

1. 有礼貌地打招呼

礼貌地打招呼是建立良好的人际关系不可或缺的因素,而对于客户,礼节更是不容轻慢。

如果推销员以随意的态度向客户打招呼,如仅简单地向客户点个头,甚至连头都不点,只稍微欠欠身,这种打招呼方式在某些较讲究礼貌的客户看来是很失礼的,原本存在的成交机会也会因此而付之东流。

此外,注视对方眼睛也是一种礼貌的表示,因此,你应以诚挚的眼神让对方打开心扉,使其在不知不觉中接受你,并对你产生信赖。

以下是打招呼时应注意的要点:

- 先鞠躬,再注视对方的眼睛,握手。
- 主动开口问候对方。
- 称呼对方名字。
- 面带笑容。

2. 用明快的语气说话

从推销活动开始到结束,从"您好"到"再见",推销员自始至终都要用明快的语气与客户交谈。要抱着喜欢对方的心情，发出富有朝气和感染力的声音。要做到这一点并不难，无论是什么性格的推销员都能做到。

3. 诚心诚意

有诚意又热情洋溢地与对方说话，这在说话艺术中是最重要的，在推销活动中也不例外。回答肯定的问题时，要充满诚意地说一声"是！"，愉快的声音传到对方的耳朵里，对方一定会受用的。

4. 注入感情

对于推销员而言，带感情说话是至关重要的。如果说话没有抑扬顿挫或不带感情，客户听起来不但感到无聊乏味，而且会对推销员产生距离感。只有充满感情、富于变化的语言表达，才能达到说服对方的目的。例如：

- 在表示有疑问的时候，可以稍微提高句尾的声音。
- 要强调某些内容时，可适当提高音量。
- 要表现强烈的感情时，可以逐渐提高语调。

绝对不要使你的语气单调，因为语调的变化会加强你的说服力。换言之，你的语调变化能体现出你的热情，进而打动对方，产生出说服的力量。

原一平在谈到这个问题时，颇有感触地说："如果你对自己的工作有浓厚的兴趣和情感，当你在做这件工作时就会把热情投注其中，你说话的声音自然就能产生出极富说服力的抑扬顿挫的声调来。说话时不要犹豫，声音中该强调的地方一定要清楚而声调稍高，你要训练自己的声音，使它成为帮助你达到成功的条件。"

和客户交谈，不管是聊天还是商业谈判都要有感情，这样才会有效果。不过，在一般情况下，尤其是在商业谈判时，必须抑制住自己愤怒和悲伤的情绪。

5. 注意说话间隔

会说话的人，说话间的停顿、间隔会恰到好处。所谓说话间隔，是指说话过程中的片刻沉默。我们平常说话时，无意识的语言间隔很多。而有意识地运用说话间隔，可提高语言的表达效果，这也是一门说话艺术。例如，本来认为不可能做成的生意却做成了，在这种情况下，不少人可能会说"这份感激我一辈子也忘不了"。如果在中间稍微停顿一下,说成"这份感激……我一辈子也忘不了",这样一来,内心的感激之情得以强调,这才能打动对方的心。

说话间隔可以应用在谈话中的下列时刻:

- 需要突出所说内容时。
- 想引起对方注意时。
- 需要时间考虑时。
- 变换说话内容时。

此外,还必须注意说话时语速不要太快,要把握说话的节奏,以便对方理解。

6. 要用心倾听对方说话

真正会说话的人,不是自顾自地说个不停,而是懂得认真倾听对方的话。在和客户谈话的过程中,倾听是很重要的一环,这是博得对方好感的一个秘诀。遗憾的是,不少推销人员急于推销商品,把对方所讲的话都当成耳边风,而且总是在谈话中迫不及待地提出问题,或打断对方的话而申述自己的观点,这些都是不对的。

事实上,当客户向你发表长篇大论时,正是成功到来的有利时机,你应该为此高兴。所以当对方滔滔不绝地说话时,你应该立刻打起精神来倾听,并表现出你对他所说的话很感兴趣。对于喜欢说话的客户,推销人员只要洗耳恭听,就能赢得客户的好感。在这种情况下,客户很可能会说:"就这么决定了,我们订合约吧!"即使当时签不了合约,他也会很高兴地等待你的下一次来访,推销成功的几率会大大增加。

关于倾听这个话题,本章第三节将会详细着墨,请读者留意。

7. 不要使用难懂的语言

有的人喜欢说一些令人难懂的话,用一些生僻、文绉绉的专业词汇,有的人故意使用一些使对方听不懂的成语典故,以为这样能使自己显得学识渊博,获得他人的佩服与尊重。

如果对方个性很强,对一些难懂的话他不明白,或者要费心思猜的话,对方一定会反感你，排斥你。

有些推销员在与客户交谈时，喜欢用一些不常用的外来语。虽说语汇丰富是一个优点，但是如果对方听不懂的话，就会感到不知所措而难为情了，这是非常失礼的。因此，在使用外来语时必须慎重。

在与顾客谈话的过程中，除非是不可替代的专有名词，一般来说应尽可能使用忠实于本意且通俗易懂的语言，只有这样，才能使对方感到亲切，拉近双方的心理距离。

8. 不要唠唠叨叨

有的人喜欢把同一件事唠唠叨叨地说个没完，生怕对方不清楚自己的意思，但听的一方则早已厌烦了。在这种情况下，谈话很难进行下去。

作为一位推销员，必须克服讲话啰唆的毛病。要做到这一点，需要平时反复练习，有意识地把握自己说话的重点，加强说话的逻辑性、条理性。

9. 话题要丰富

推销员到客户那里去访问时，应首先从闲聊入手，然后再进入正题。身为推销人员，与客户聊天是工作的一个重要部分。那么，闲聊时应该从哪一个方面展开话题呢？答案是要根据不同时机、不同对象而做出选择，为此，应事先准备各种不同的话题。

平时要留神那些有趣的新闻和热点话题，经常搜集各种信息和谈资，还要关注体育比赛的情况。另外，在时间允许的情况下要尽可能多读些书，扩大知识面，在与家人朋友聊天时也可以收集一些有趣的话题。

推销员的知识先要求宽，再求精，要适应各种不同爱好和不同兴趣的客户的需要，同时要注意，千万不要以此来炫耀自己。

日本寿险"皇帝"原一平年轻时读的书很少，随着他业务面的逐渐扩大，他越来越感到知识的贫乏给他带来的不便，对此他这样说道：

我从小见到书本就头痛，所以讨厌看书。当我因业绩扩大而认识更多的人时，由于我书读得太少，一些人所谈的话我听不懂，这一点也使我感到十分惭愧。

我知道这都是知识贫乏所造成的恶果，于是我下决心苦读。我选定每个星期六下午为进修的时间，每个星期六我都提早结束推销工作，下午溜到图书馆去苦读。

每周我都事先安排好主题，例如：这一周是经济问题——股票、税制等，下一周是技术问题——烟斗的制造法、木器的修理等，第三周是文学问题，第四周是时间问题，第五周是家用电器问题，第六周……

我徜徉在浩瀚的书海之中，乐此不疲。我希望任何人与我谈起任何问题，我都能与他谈得头头是道。

当时我读书的方式是这样的：先依照本周的主题，搜寻相关的书籍，再从每本书的目录上找出线索，如果发现重要的内容就做笔记。

由于当时还没有复印机，所需的资料均得自己抄写。抄写虽然要花很多时间；但资料经过手写之后，印象深刻，也较易记牢。

原一平凭着一股锲而不舍的精神，终于拥有了广博的学识。从此他与任何客户谈话都能够应对自如，说得有条有理、头头是道。

10. 方言的妙用

我国幅员辽阔，各地的方言不少。如果客户习惯说方言，推销员也必须熟悉方言，才能使双方顺畅交流。特别是在人们普遍使用方言的地区，如果推销员不会说当地的方言，那他的活动范围就会小很多，会失去很多的销售机会。在使用方言与客户交流时，要表现得尽量自然，而不要过于刻意。

11. 展现声音的魅力

所谓有魅力的声音，是指语调温和、使人乐于倾听并感觉温暖的声音。口齿清楚、发音有力又容易听懂是有魅力的前提条件。

推销员在与客户交谈时，要做到表达清楚、亲切自然，不必装模作样、打官腔或用假嗓子等。

◆肢体表达能力

推销员在推销过程中不仅要发挥自己的语言表达能力，还必须配合肢体的表达，才能达到理想的沟通效果。

原一平曾经拜访一位中年妇女，当他听到这位中年妇女埋怨她的儿子不爱读书时，原一平平淡地说："一个小孩子不喜欢读书是很正常的，但是随他放任自流，则会成绩越来越差，越来越讨厌读书。"说话的时候，原一平凝视着中年妇女的眼睛。突然，他将身体往前倾同时用手大力地敲了一下桌面，"但是，如果做妈妈的都不关心的话，那谁来关心呢？"说到这里，原一平停顿了一下，缓和了自己的口气，用一只手做势抚摸自己的肚子，"那可是辛辛苦苦十月怀胎生下来的心肝宝贝呀。"然后原一平的语气再度急促，"您一定希望他比别人强，对吗？"

这时，原一平才恢复原来的坐姿，静静地凝视着中年妇女。中年妇女尽管明知原一平的真正目的是推销保险，但他所陈述的理由句句是说出自己的心里话，令她感动。

或许会有人认为这种推销手法太过夸张，或者是无法营造出上述那种扣人心弦的气氛。但这些都不是重点，重要的是不管我们运用什么样的语言技巧，一定要配合自己的肢体动作，不仅用嘴巴来说，还用手势、眼神、姿态等等来强化自己的说明。具体而言，可以采用以下的表达方式：

1. 手的表示法

在进行推销时，肢体语言的主角是手，如果能好好利用手势，必能强化推销的效果。

许多推销员在向客户做说明时，都以手背朝上的姿势指引客户观看样品或说明书，其实这种手势并不可取，因为这样做会使人感觉有所隐瞒。各位不妨想想，魔术师在表魔术时，一定会向观众示意"手里并没有东西"，而让观众看他的手掌。因此，手指样品或说明书时，应当手掌朝上。而如果指小的东西或细微之处，就用食指指出，此时也是手掌朝上较好。

此外，为客人带路时，要说："请这边走。"指远处时，就说："在那一边。"（如图3-1所示）

图 3-1　手的表示方法

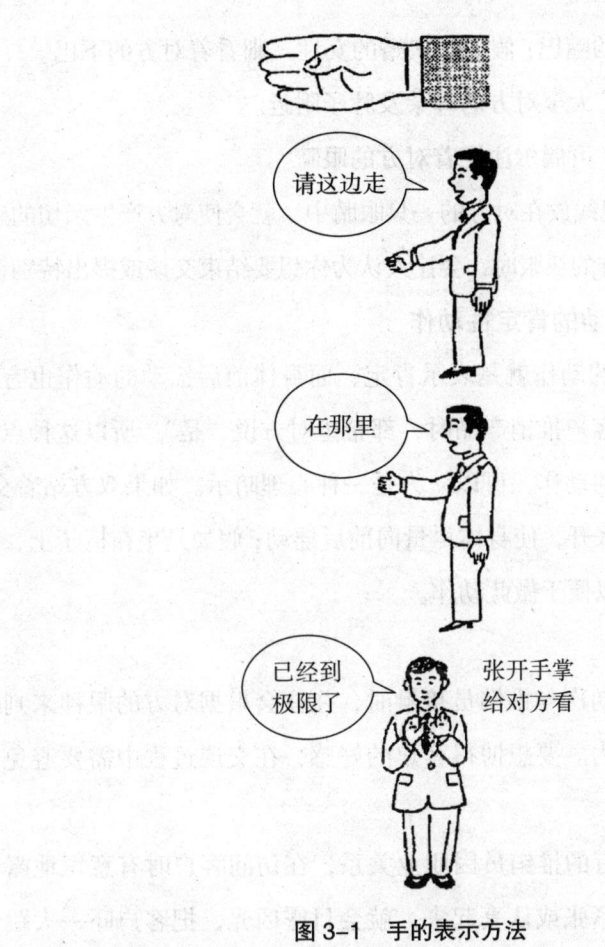

另外，在商谈中，假如对方说："喂，别那么小气，打五折嘛！"你回答："那怎么行，要是这种价钱干脆我向您买好了！"此时也应如图张开双手给对方看，拇指轻轻向内弯曲。

2. 视线放在哪才正确

有不少推销员都曾面临与客户交谈时不知要将视线置于何处的困扰，有些人是低头、视线朝下，还有些人东张西望、视线到处游移。其实这些做法都不好，前者会给人个性消极忧郁的感觉，而后者会给人以不够沉着稳重的印象。正确的做法如下：

- 与男性客户交谈时，视线的焦点要放在对方的鼻子附近；如果对方是已婚女性，就注视对方的嘴巴；假如是未婚的女性，则看着对方的下巴。

- 视线范围也可扩大至对方的耳朵及脖子附近。
- 在交谈过程中，可偶尔注视着对方的眼睛。
- 如把自己双眼视线放在对方的一只眼睛中，就会使对方产生亲切的感觉；但把双眼视线放在对方的双眼时，会让人认为你想要结束交谈或提出特别请求。

3. 身体向前后摇动的肯定性动作

当我们做出点头的动作就是表示肯定，而身体前后摇动的动作也有同样的含义。推销员在向客户推销产品时，都希望对方说"是"，所以这种点头或把整个身体前后摇动的动作，可以认为是一种心理暗示。如果双方站着交谈，推销员要将脚平行的张开，使身体尽量向前后摇动；假如是坐在椅子上，就不要把身体靠住椅背，以便于做此动作。

4. 眼神

直觉敏锐的客户初次与推销员接触时，往往会根据对方的眼神来判断其可信度，甚至工作能力。要想博得客户的好感，在交谈过程中需要避免以下几种眼神：

（1）目露凶光。有的推销员因职业关系，在访问客户时有意识地露出柔和的目光，可是一旦紧张或认真起来，就会目露凶光，把客户吓一大跳。这样的人在从事推销工作时必须时时刻刻注意自己，使自己的眼神温和起来。

（2）冷眼。有的人两眼看起来冷若冰霜，例如理智胜过感情的人、缺乏表情变化的人、自尊心超强的人或性格刚强的人。这种人很容易被人误解，让人感觉难以接近，如果一个推销员时常露出这样的眼神，应对着镜子琢磨如何才能使自己的眼神变得柔和亲切、惹人喜欢。

（3）直愣愣的眼。推销员在访问客户时，环顾四周是件非常重要的事。如果目不斜视且直愣愣地朝着对方的办公桌走去，是没有经验的表现。正确的做法是：首先用柔和亲切的眼神自然地环视四周，对于视线所及的人，近的就走上前去打个招呼，远的就礼貌地行个注目礼。

对于客户所在单位的干部和工作人员，即使与你的业务并无直接关系，也要诚心诚意地向他们打招呼，这样不但可以提高你的声望，而且在某些情况下他们还会给你意想不到的帮助。

另外，和很多客户同时说话时，行注目礼也是很重要的事，要在说话过程中有意识地移动视线，和每一个客户都要有眼神交流。许多人比较注意发言多的客户，而往往忽视了不发言的人，这就有点失礼了。对一言不发的人也要注意到，这样才能争取到更多的客户。

（4）眼珠向上翻。有的推销员看人不是正面地看向对方的脸，两眼平视对方，而是两眼向上翻，窥视对方。他本来也许没有恶意，但对方却有不愉快的感觉，觉得你这个人"不怀好意"。

5. 姿态

（1）推销员做到谦虚礼貌是必要的，但不能表现得很谄媚。推销员在进入客户的办公室时要挺直腰杆，礼貌地点一下头，即使深深地鞠躬，上半身也不要弯曲。此时双手要放松，也要自然伸直，不要显得拘束。

一脸诚惶诚恐、点头哈腰或反反复复地行礼都是不可取的，这样的人会被对方看不起，无法取得对方的信赖和认可，生意自然也做不成。

（2）推销员在与客户面谈时，要呈现出放松的状态，身体姿势不要太僵、太拘束，否则会给对方不愉快的感觉，气氛也不容易融洽。若你的姿势舒适自然，紧张感也就自然消失了。

另一方面，在与客户交谈时，身体姿势也不能太过随意。初次见面时最忌讳跷起二郎腿说话，即使经常见面也不能如此，因为对方会觉得你没有规矩，不懂得尊重人。两腿叉得太开也是不礼貌的表现。

个头高大的推销员在同个头矮小的客户谈话时，要有意识地拉开一定的距离，如果离得太近，对方会产生压迫感，所以要特别注意。

（3）背影能表现一个人的精神状态和气质。有的人的背影给人一种孤独感，有的显得小心翼翼，有的则显得垂头丧气，这些都不利于与他人建立良好的关系。

一位专业的推销人员必须充分认识到背影的重要性，当你告别客户或客户送你离开时,他们会对你的背影打分的。所以,即使买卖没有成功,也要把你那沮丧的心情隐藏起来,要挺起胸膛,大大方方地离开。如果你告别时的表现不错,对方说不定下次一定会买你推销的产品。

(4) 有些推销员在与客户谈话时,身体的某一部分神经质地颤动。有的是两腿抖动,有的是脚后跟或脚尖像打摆子似的抖动,有的一边和对方点头一边抽动脸部的肌肉,有的人不停地将手掌伸开合上没完没了,有的人则手指不知在忙些什么似的动个不停,还有人用指甲不停地在某一处磨来磨去。

上述动作往往是由于紧张所引起不自觉的动作,但是对方常常会因此认为"这个人一定心虚",进而留下不好的印象。其实,如果你有意下决心改正的话,这些坏毛病是不难改掉的。

(5) 推销员在与客户交谈时,坐相也是非常重要的。有一位推销员一次去拜访客户,面谈结束后对方把他带到一间豪华的接待室闲聊,正聊到起劲的时候对方不客气地说:"你这个人太不像话了!"

他大吃一惊,再一看他的姿势——头枕在椅背上,两腿伸得很长,像躺在椅子上一样。

这位客户告诉他,即使对你最要好的朋友也要讲礼貌。为了不给对方不谦虚或没有教养的印象,一定要坐端正,坐在椅子或沙发的里面,即背部紧靠后面,且不可贪图舒服像躺在椅子或沙发上似的坐着。经这位客户的提醒,这位推销员把这个坏毛病纠正过来了。

6. 口头语

有的人在说话过程中相同的词会反复地使用,时间久了后,不知不觉就将这些词当成口头语。

最常见的口头语是"嗯""这个"或"那个"等等。如果一个推销员说话时口头语过多,可能会分散客户的注意力,使其无法把握你说话的重点,还会给人以不专业、说话不流畅的印象。

类似"是啊"、"的确是那么回事"这种肯定对方意见的口头语是容易被对方所接受的,一般来说也不会引起麻烦,但像"必须"、"不"、"岂有此理"

等否定性的口头语就很容易引起对方的误解和反感。

各位读者，你是否也有些不适当的口头语呢？如果有的话请早一点改掉，越快越好。

7. 肯定性动作与否定性动作

以下动作均带有否定性含义，会给对方造成负面印象，进而招致失败：

- 服装仪容给人不修边幅的感觉。
- 表情忧郁毫无笑容。
- 说话时缺乏肢体动作的配合。
- 偶尔叹息。
- 视线经常朝下，不直视对方的眼睛。
- 因脚跟离地而导致偶尔会摇晃身体。
- 向左右摇头，做出"不"的动作。
- 在客户面前抽烟。
- 对客户说的重要信息不做记录。

推销员要想推销成功，必须尽力避免做出这些否定性动作，而要充分采用肯定性动作。

- 服装仪容要端正，给人良好印象。
- 个性开朗，经常面带笑容。
- 在交谈时灵活运用肢体动作。
- 直视对方，并偶尔注视对方眼睛。
- 头向前点，做出表示"是""对"的动作。
- 脚跟着地，使身体稳定。
- 交谈过程中不抽烟。
- 对客户说的重要信息及时做记录。

询问要有技巧

在面谈中，询问的目的主要是了解目标客户的需要，但恰当的、有技巧性的提问还应该起到引起客户注意的作用。比如，你向目标客户提问："您需要某某产品吗？"这种提问过于直接，没有起到吸引客户的作用，因而实践中推销人员应减少使用。

又如汽车加油站的职员向顾客询问时，如果他问："您需要多少升汽油？"顾客就会很随便地回答出一个数字，这个数字常常是很小的。但如果他这样问顾客："我为您把油加满吧？"面对这样的提问，顾客往往会说："好吧！"油的销售量会因此增加很多。

这个例子告诉我们，采用不同的询问技巧，推销的结果大不相同。

询问在推销过程中起着极其重要的作用，你不但能利用询问的技巧获取所需的情报、确认客户的需求，而且能引导客户谈话的主题，使谈话向着你所期望的方向前进。

◆ 询问的三个方向

人们购买商品是因为有需求，因此就推销员而言，如何掌握住客户这种需求、并使其明确化，是最重要的、也是最困难的一件事，因为客户往往自己也不清楚自己的需要到底是什么。

当你清楚地知道你要什么时，你会主动地采取一些行动。例如你想要租一套房，你会打开报纸，看看房屋出租广告。如果有适合的出租房，你会打电话联络，然后去实地了解是否满意。这种需求我们称为"显性需求"，是指客户对自己需要的产品或服务，在心中已明确地了解。如果你能碰到这种客户，实在是运气好，因为只要你的产品或服务适合他，就会马上成交，无需进行太多推销。

相对于显性需求的是"潜在需求"。有些客户对自己的需要不能明确地肯定或具体地说出，事实上，在推销过程中，尤其是在开发新客户时，许多客户都无法确切地知道自己真正的需求。因此，在向这类客户推销时，最重要也是最困难的工作，就是发掘这类客户的需求，使潜在的需要转变成显性需求。

发掘客户潜在需求最有效的方式之一就是询问。在与目标客户的对话中，推销员应借助有效地提出问题，引导客户发现并明确自己的需求。客户经由询问，而能将潜在需求逐一从口中说出。询问的方向主要有以下三种：

1. 状况询问

在推销活动中，状况询问是最常见的。例如"您在哪里上班？""您有哪些嗜好？""您打高尔夫球吗？"等。

推销员提出状况询问时，询问的主题当然要和你要销售的产品有关。例如"您目前投保了那些保险？""您办公室的复印机用了几年？"等。

状况询问的目的是经由询问了解准客户的事实状况及可能的心理状况，以便有针对性地开展下一步的推销。

2. 问题询问

"问题询问"建立在状况询问的基础上，是你得到客户的回答后，为了探求客户的不满、不平、焦虑及抱怨而提出的问题，也就是探求客户潜在需求的询问。例如：

"您目前住在哪里？"（状况询问）

"市中心商业街附近。"

"是不是自己的房子？"（状况询问）

"是啊！10多年前买的，为了小孩上学方便。"

"现在住的怎么样？是不是有不尽如人意的地方？"（问题询问）

"嗯，现在这里太吵了，马路上到处都挤满了人，走都走不动，实在不适合我们这种年龄的人居住。"

以上即问题询问的一个简单例子，经由问题询问，推销员就能探求出客户不满意的地方，知道客户有不满之处，你将有机会去发掘客户的潜在需求。

3. 暗示询问

你发觉了客户的潜在需求后，可用暗示询问的方式，提出解决客户不平不满之处的方法，这就是"暗示询问法"。

例如：

"在靠近珠江，在有绿地、空气又好的地方居住，您认为怎么样？"（暗

示询问法）

"我早就想在这种地方居住了，只是一时下不了决心。"

如果你能熟练地使用以上三种询问的方式，客户经过你合理的引导及提醒，潜在需求将不知不觉中从口中说出。

◆ 提问的两种方法

无论是状况询问，还是问题询问和暗示询问，都可以使用开放式提问法或选择式提问法。

1. 开放式提问法

所谓开放式提问法，是指能让客户自由阐述自己的意见或建议的一种提问方法。开放式提问法的目的，就是让客户全面表达他的看法与想法，以利于推销员获取信息。表3-1对开放式提问有一个较为全面描述，有助于读者更加全面地了解这一沟通技巧。

表3-1 开放式提问

使用目的		开放式提问
取得信息范例	• 了解目前的状况及问题点	• 目前贵公司办公室间隔状况如何？有哪些问题点想要解决？
	• 了解客户期望的目标	• 你期望新的间隔方式能达到什么样的效果？
	• 了解客户对其他竞争者的看法？	• 您认为A厂牌有哪些优点？
	• 了解客户的需求	• 您希望拥有什么样的一部车？
让客户表达看法、想法范例	• 表达看法、想法	• 对保障内容方面，您认为有哪些还要再考虑？ • "您的意思是…"？ • 您的问题点是……？ • 您的想法是…？ • 您看，这个款式怎么样？

2. 选择式提问法

所谓选择式提问法，是指让客户针对某个问题，明确地给出"是"或"不是"的选择的一种提问方法。选择式提问法的目的如下：

• 获取客户的确认

例如："您是否认为每一个人都有买保险的需要？"推销员在取得客户肯定或否定的答复后，再展开话题，有针对性地引导客户做出购买决定。

• 在客户的确认点上，发挥自己的优势

例如："您是否认为买房一定要找信誉好的房产公司呢？"获得客户对"信誉"要求的确认后，可接着介绍自己公司有关信誉的事例或制度。

• 引导客户进入自己要谈的主题

例如："您是否认为旅行过程中最重要的是安全？"将主题引导向旅游安全，客户同意旅游安全最重要后，推销员可说明本公司基于旅游安全方面的考虑，对于住宿安排、交通工具等，都充分考虑到安全的问题。

• 明确客户需求

例如："您买这块表是想送礼还是想自己用？"得到客户答复后，推销员可以进一步明确客户的需求，有针对性地开展推销。

◆避免问不恰当的问题

在推销实践中，有一些推销员往往要在面谈中向客户提这样一些问题，比如"您还不做出购买决定吗？""我们能否今天就达成协议？""您是否接受我的推销建议？""您买这种产品吗？"等等，这些问题类似"最后通牒"，会使客户产生反感情绪。为了摆脱来自推销人员的压力，客户会毫不留情地拒绝推销人员的建议。所以，在向客户推销产品的时候，要避免问出这些不恰当的问题。

从另一个角度看，这种提问也违反了销售心理学的一条规则，即要避免提出一些容易遭到反对的问题。以"最后通牒"形式问顾客意见，只会招致否定的答复。

如何听出客户的心声

一位西方哲人说过:"上帝给我们两只耳朵,却给我们一张嘴巴,意思是要我们多用耳朵听,少用嘴巴说。"这就是说,我们对于别人的谈话要用心倾听,对于推销员来说,更是如此。

倾听,即仔细聆听,它是面谈中促使客户做出购买决定的一个非常重要的手段。在与客户进行面谈时,不少推销员总是滔滔不绝,不给客户表达意见的机会,殊不知这样很容易引起客户的反感。实际上,倾听比表达更为重要。依据专家提供的资料表明:任何一次推销的成功,约有75%要依赖推销员倾听能力的发挥,只有25%是依赖说话技巧来完成的。

推销员在面谈过程中把更多的时间留给客户,表面上看客户似乎是主动的意见发出者,而推销员是被动的意见接受者;前者掌握面谈的主动,而后者处于不利地位。其实心理学家经过大量的研究证明,"说"与"听"两者相比,听者更为有利。原因很简单,在交谈过程中,听者思考的速度大约是说者的近5倍,显然在问题思考上,倾听的推销员要比说话的客户更具有优势。在倾听过程中,推销员可以有充分的时间,对客户的真实需要、疑虑、问题进行准确的判定,及时捕捉各种购买信号。同时,推销员善于倾听,投其所好,就能很快赢得客户的注意、兴趣和信任。

◆ 学会积极地倾听

卡耳·鲁杰司为了改进人们之间的沟通,曾提倡"积极地倾听"。所谓积极地倾听,是指在倾听的过程中集中注意力,充分调动自己的分析能力,理解对方所说的内容,并把握对方的心理和意图,而不是仅被动地听对方所说的话。

积极地倾听有三个原则:

1. 站在对方的立场上仔细地倾听

每个人都有他的立场及价值观,因此,要想真正理解对方,你必须站在对方的立场，仔细地倾听他所说的每一句话，不要用自己的价值观去指责或评判对方的想法，要与对方保持互相理解的态度。

2. 在聆听过程中做出积极的反应

• 轻轻地点头做出反应。推销员用这种方式表示自己正在听客户的谈话，有时轻轻点几下头表示对客户所传达信息的默许或赞同。

• 推销员目光注视正在说话的客户，不要做任何动作，也不要说话。这表明推销员正专心致志地倾听客户的谈话，并且对客户的谈话表现出浓厚的兴趣。

• 推销员在倾听客户说话时偶尔发出一点声音，用简短的言词表示出自己的回应。这类词语包括"我了解"、"嗯嗯"、"是的"、"是那样"、"很有趣"等等。使用这些词语，一般表示推销员对于客户的话有所了解，或者表示同意客户的看法，也能表示推销员正在倾听客户的谈话。

• 推销员重复客户一句话的最后几个字，以表示对客户意思的肯定。

3. 态度诚恳，不要打断客户的谈话

推销员在倾听过程中，不能在客户说话的过程中插话，更不能打断客户的话，否则会引起客户的反感。即便你根本不同意他的观点，或者你急于纠正他的观点，也要耐心地听完他的意见。听得越多，越能够发现客户的真正需要和主要的疑虑，从而有针对性地给予解决。

另一方面，推销员的插话会使客户完整的思路受到干扰，从而影响客户的充分表达，也不利于推销员获取信息。

所以，推销员在倾听时，一定不要随便打断客户的话，而做到这一点不是一件很容易的事情，它需要推销员有自控的意识，控制好自己的言行举止。因为推销员在倾听时，可能面对客户各种不同的表现：激动、赞美、诉苦、抱怨、驳斥、责备、警告甚至辱骂等等。推销员必须理智地对待客户的一切表现，不能产生排斥心理，同时也要正确地、客观地分析这些表现，从中找到最有价值的信息。

◆ **有效倾听的 5 个方法**

推销员倾听客户谈话时，最常见的误区是只做出倾听客户谈话的样子，内心却迫不及待地等待机会，想要讲他自己的话，完全没有将注意力集中在客户说的话上，听不出客户的意图、听不出客户的期望，这样的推销是无的放矢，不可能取得成功。

推销员在与客户谈话时，该怎样做到有效倾听呢？以下几点建议可供参考：

1. 培养积极倾听技巧

推销员要站在客户的立场专注倾听客户的需求、目标，适时地向客户确认你所理解的是不是就是他想表达的，这种诚挚专注的态度能激发客户讲出更多他内心的想法。

2. 让客户把话说完，并记下重点

记住你是来满足客户需求的，你是来带给客户利益的，让你的客户充分表达他的需求以后，你才能正确地满足他的需求，就如同医生要听了病人述说自己的病情后，才开始诊断一样。所以推销员在客户说话时千万不能打断，要认真倾听并把握重点，必要时要做记录。

3. 秉持客观的态度

推销员对客户说的话不能心存偏见，只听自己想听的或是以自己的价值观判断客户的想法，而应以客观的态度分析客户所表达的意思和意图，从中挖掘出客户的真实需求。

4. 对客户所说的话不要驳斥

当客户所说的事情对你推销可能造成不利时，你听到后不要立刻驳斥，你可先请客户针对事情做更详细的解释。例如客户说"你公司的理赔经常拖延"，你可请客户更详细地说明是什么事情让他有种想法。客户若只是听说，无法解释得很清楚时，也许在说明的过程中，他自己也会感觉出自己的看法也许不是很正确；若是客户说得证据确凿，你可先向客户致歉，并答应自己会在调查后把此事的原委用书面形式报告给他。记住，在还没有听完客户的想法前，不要和客户争辩一些细节的问题。

5. 掌握客户真正的想法

客户有客户的立场，他也许不会把真正的想法告诉你，他也许会用借口

或不实的理由搪塞；或为了达到别的目的而声东击西；或另有隐情，不便言明。因此你必须尽可能地听出客户真正的想法。

掌握客户内心真正的想法，不是一件容易的事情，你最好在听客户谈话时，在心中思考下列问题：

- 客户说的是什么？它代表什么意思？
- 他说的是一个事实还是一个意见？
- 他为什么要这样说？
- 他说的是他的真实想法吗？
- 他这样说的目的是什么？
- 从他的谈话中，我能知道他的需求是什么吗？
- 从他的谈话中，我能知道他希望的购买条件吗？

你若能熟练掌握上述五种倾听方法，相信你必定能成为一位善于倾听的人。

怎样介绍产品

推销员与客户面谈，最重要的内容当然是介绍产品，推销员要说明你的产品"是什么"，它到底"怎么样"，"为什么"是这样的。不过，对于同一种产品的说明，出自不同的推销员之口，却可能有相当大的差异，产生截然不同的效果，这体现了销售力的高下之分，而产品说明的能力，是销售力的核心要素。

产品说明就是推销员在详细掌握客户需求的基础上，对产品特性、优点及收益的陈述，目的是引起客户产生购买的欲望。

产品说明的作用如下：

（1）唤醒客户对现有问题的重视，使其产生改变现状的需求；

（2）让客户了解你的产品或服务能为他带来哪些改善；

（3）让客户产生购买的欲望；

（4）让客户相信你的产品或服务能解决他的问题及满足他的需求。

成功的产品说明有以下特征：

（1）能全面而详细地展现出你的产品的优势以及带给客户的收益；

（2）能让客户相信你说到做到；

（3）能让客户感受到你的热诚，让客户相信你能站在他的立场上，帮助他解决问题。

◆探索客户的购买理由

"喝牛奶何必养乳牛"是美国施乐公司用来说服客户租用机器的广告用语；"租用的机器您可以换机，也可以随时解约"是为了告诉客户不用担心机器性能不好或服务不好，可以放心地使用；"您每日只要花少许的租费，不需投入大笔固定资金"是在向客户说明只要花少许金钱就能使用一台复印机。上述广告语解答了客户最关心的问题，体现了为客户利益着想的宗旨，为客户提供了充足的购买理由。

想想看，在A、B两家公司的投保条件几乎一样的情况下，为什么客户向A公司投保而不向B公司投保呢？如果A、B两家银行的利率水准是一样的，你为什么把钱存在A银行而不存在B银行呢？你仔细想想看，当你决定购买一些东西时，你的购买理由是什么？有些东西也许你事先也没想到要购买，但是一旦你决定购买时，总是有一些理由支持你去做这件事。

我们再仔细推敲一下，这些购买的理由正是我们最关心的利益点。例如某位客户决定购买一台体积很小的迷你车，省油、价格便宜都是这款车子的优点，但他真正的购买理由是他路边停车的技术太差，常常都因停车技术不好而发生尴尬的事情。这种迷你车车身较短，能解决这位客户停车技术差的困扰，他就是因为这个利益点才决定购买。

因此，推销员在与客户面谈时，要找出能够促使客户购买的动机，发现客户最关心的利益点。充分了解一个人购买东西有哪些可能的理由，能帮助推销员提早探寻出客户关心的利益点。

一般人购买某产品的理由可从九个方面来了解：

1. 产品给他的整体印象

广告人最懂得从产品的整体印象来激发客户的购买欲，例如香皂广告常以"某某香皂令您身心清爽、愉悦"作为其产品的卖点。"劳力士手表"、"奔驰车辆"虽然是不同的商品，但它们都在满足客户彰显自身身份地位和品味的诉求。你在推销时不妨从此处着手，试探目标客户最关心的利益点是否在此。

2. 能否满足个人成长的需求

个人成长的需求是人们普遍的心理需求，也是促使客户购买产品的重要因素。例如电脑能提高工作效率，想要自我提高的人就想要到电脑补习班去进修电脑技术；如果一个人想要成为专业的经纪人，就会参加一些管理的研习会。上电脑课、参加研习会的理由，就是在满足个人成长的需求，这种需求是这些人关心的利益点。如果你推销的产品或服务能帮助客户实现个人成长，就要从这一角度出发去挖掘客户的需求。

3. 产品的安全性

为满足客户的安全需求而设计的有形、无形的产品不可胜数，无形的产品如各种保险，有形的产品如防火的建材。

产品的安全性也是客户选购产品时经常会考虑的因素之一。一位销售儿童玩具的推销员说，每次有家长带小朋友购买玩具时，由于玩具种类很多很难取舍，但是只要告诉家长，某个玩具在设计时如何考虑到玩具的安全性时，家长们几乎都立刻决定购买。

4. 产品口碑

产品的好口碑也是促使客户购买的重要理由，尤其是在熟人之中的口碑。例如，在实际的推销活动中，客户经由朋友、同学、亲戚、师长、领导们的推荐而立刻决定购买的例子也是举不胜举的。

5. 产品的便利性

产品的便利性是许多客户关注的重点，是打动许多人购买的关键因素。例如自动挡汽车的便利性是吸引许多女性购车的重要理由，电脑软件的易操作性也是客户关注的重点。

6. 产品的系统化

随着电子技术的革新，现在许多企业都不遗余力地进行着工厂自动化、办公自动化的发展。这些企业在购买电脑、文字处理机、复印机、传真机等产品的时候，都是以系统化作为选择标准。

7. 客户的兴趣、嗜好

推销员在推销产品时，如果能了解客户的兴趣、嗜好，并将其与产品的特点结合起来，往往能快速打动客户。

8. 产品价格

价格也是客户选购产品时要考虑的重要因素，若是客户对价格非常关注，推销员就要向他推荐在价格上能满足他需求的产品，并且强调产品能给他带来的收益和附加值，使他认为你的产品值得购买。

9. 销售服务

销售服务分为交易中的服务及售后服务。服务也是客户关心的利益点之一，因服务好这个理由而吸引客户的商店、餐馆等比比皆是，而良好的售后服务能打消客户在购买产品时的顾虑，促使其做出购买决定。

"客户最关心的利益点在哪里？"这是每位推销员最关心的重点。只有找出了客户关心的利益点，你的推销工作才能有的放矢，事半功倍。

◆ 应对拜访时的突发情况

即使在上门拜访之前，推销员已经做了相当充分的准备工作，预备了翔实的产品说明，但在你进行产品说明时，还是可能有诸多你难以预料的意外状况扰乱你的思绪，干扰你进行产品说明的正常流程。下面我们举几种常见于产品说明过程中的意外状况，告诉推销员正确的应对之道。

1. 客户开始乱涂乱写

如果客户在面谈过程中做出在纸上涂写的动作，这就是警示灯亮了的信号：客户没在专心听了，推销员要尽快想出话题来唤回客户的注意力。但如果客户只是画些无意义的抽象线条，推销员就不必紧张，因为这只是客户无意识的自然动作，客户其实还是在听的。

2. 客户睡着（或快要睡着）了

在与客户交谈的过程中，如果推销员发觉客户的注意力慢慢减退了，可以采取如下对策：站起身来，用肢体动作来唤起对方的注意力，并赋予推销员新的力量。同样的策略也适用于电话交谈。通话中，推销员若是注意到对方的声调似乎表现出心不在焉的状态，他就可以起身站着说，站着说话会不由自主地使声音加速，唤回对方的注意力。

3. 客户另有事要办

在第一次见面商谈时，推销员可能注意到客户坐立不安，心不在焉，似乎有事要办，例如桌子上放着签了字的公文夹等等。

这时，推销员可以大大方方地表示："请您先签办您的公文，我可以等您办妥再谈。"这种体贴的态度，可以让对方神经不再紧张。这样一来，客户就可以集中精神专心谈话了。

4. 客户口若悬河，离题万里

与客户交谈很融洽，最后还高兴地握手道别，但推销却没有丝毫进展——这是许多推销新手常遇到的困惑。

推销吸尘器的小张在某酒店的总务室与王经理谈了一个多小时的天，话题却完全被王经理牵住，从娱乐新闻到经济政策，但始终与产品无关。尽管小张有几次试图将话题拽回，但却总是找不到一个合适的切入点，最后只能无功而返。

客户与推销员"侃大山"，原因一般有二：一是他特意以这种方式拒绝你的推销；二是他不自觉地将话题偏离了。不管是哪一个原因，推销员都应该在适当的时候将话题拽回主题。

比如上面所提到的吸尘器推销员小张，他完全可以在王经理滔滔不绝时，装作不小心将手中的圆珠笔掉在桌子下，然后埋头找几秒钟——以此迫使王经理闭上嘴巴。等王经理不再说话时，小张可以拾起笔、直起身，抢先开口说："幸亏是圆珠笔，否则就可能弄脏您的地毯了。您的地毯真干净，用的是什么品牌的吸尘器？"——这样就能重新将话题控制在自己手中！

面对口若悬河、离题万里的客户，推销员控制话题的秘诀在于：用无伤大雅的小意外迫使对方住嘴，然后重新掌握谈话主动权。掌握了这个秘诀，你也可以因时、因地设计出自己独特的话题控制方法。

◆ 产品说明的 JEB 法则

推销员向目标客户介绍产品时，不能仅止于让客户了解你的产品，最重要的是要激起客户的需求，使其产生购买的行为。要想实现这一目标，就要遵循 JEB 产品说明法则。

所谓"JEB 法则"，是指首先说明产品的实际情况（just fact），然后对产品的性质加以解释说明（explanation），最后再阐述它给客户带来的利益（benefit）。熟练掌握这种介绍商品的三段论法，能让你的推销变得非常有说服力。

JEB 的产品说明三段论法看起来非常简单，但要真正将其应用于实际推销工作并养成习惯并不容易。接下来，我们把 JEB 法则的三个步骤，逐一详细说明如下：

（1）所谓 J（just fact），是指商品的原材料、设计、颜色、规格等，用眼睛能观察到的事实状况，也可以说明商品的一些特征。

商品本身所具的事实状况或特征，不管你如何说明，都很难激起客户的购买欲望。例如当我们推销一把六角形手柄的槌子时，若我们对客户说："这把槌子的手柄是六角形，因此是好的槌子，请买一把！"像这样停留在介绍产品情况上的推销，是很难把商品推销出去的。

（2）为什么六角形手柄的槌子就好呢？这点你要详细地说明出来，这个步骤是 JEB 的 E（explanation）。经过 E 的阐述后，产品的每个性质或特征，具有的意义或功能，就能很清楚地让客户了解。例如刚才六角形手柄槌子的例子，如果你能将手柄为六角形的特征转换成"因为手柄是六角形，握起来较牢"等等较有实际意义的话语，就更容易引起客户的兴趣。

（3）最后一步是说明产品给客户带来的利益（benefit），也就是在我们向客户陈述了 J 及 E——六角形手槌握得较牢后，接下来要强调究竟握得较牢会带给客户哪些利益（benefit）和好处，例如客户订钉子时能钉得较准，不会把钉子打歪，同时也较能使得上力、不易疲劳等等。

JEB 的商品说明法则有两个重点，一个是用三段论的说明方法，另一个是你对产品知识要充分了解，这样才能言之有物，增强说服力。

使用三段论法时，你必须懂得运用不同的连接词。例如当进行第一个步骤，提示了商品的性质及特性后，在进入第二步骤（E）前，可用"因而……"来接着说明商品性质的意义，最后再用"因此……"或"也就是说……"来阐述商品的优点及下结论。

图 3-2 是 JEB 法则的范例，这些例子都很简单并容易理解，但在实际推销时情况会较复杂，因此推销员要经常练习，尽可能多列举一些实例，逐项地引申出 J、E 及 B，这样必能增加推销的说服力。

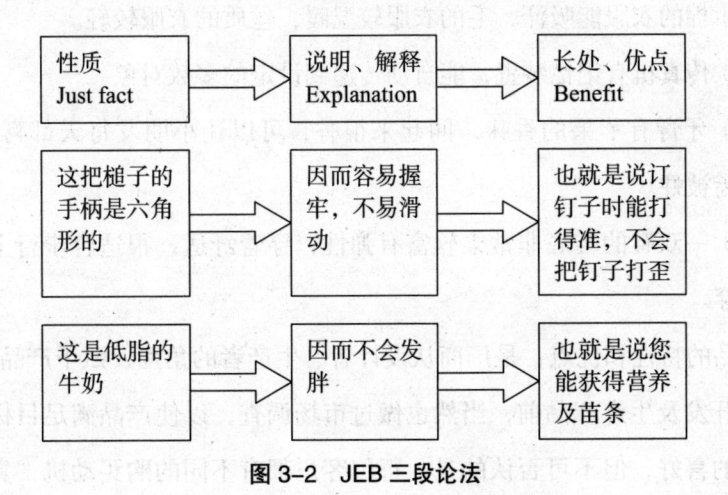

性质 Just fact	说明、解释 Explanation	长处、优点 Benefit
这把槌子的手柄是六角形的	因而容易握牢，不易滑动	也就是说订钉子时能打得准，不会把钉子打歪
这是低脂的牛奶	因而不会发胖	也就是说您能获得营养及苗条

图 3-2 JEB 三段论法

推销员的说服力不是口若悬河，也不是夸大无据。推销员的说服力在于全面掌握产品的优势和客户的需求，并将二者匹配起来。JEB商品说明法则，是帮助推销员提高说服力的极好方法。

◆ **突出产品特性和优点**

产品特性是指产品在设计上的特点和使用过程中的特别功能。你可从各种角度发现产品的特性，例如：

1. 从材料着手

如衣服的材料是棉、麻、丝、混纺。

2. 从功能着手

如录音机具有定时录音的功能。

3. 从式样着手

如流线型的设计。

每一样产品都有它具有的特性，不管你知不知道它是什么或会不会使用，它已存在商品身上。

产品的优点是指产品特性所带来的利益点，例如：

（1）棉的衣服能吸汗，毛的衣服较温暖，丝质的衣服较轻。

（2）传真机有记忆装置，能自动传递到设定的多数对象。

（3）牙膏有苹果的香味，闻起来很香，可以让小朋友每天都喜欢刷牙，避免牙齿被蛀。

（4）一双鞋的鞋底非常柔软富有弹性，穿着舒适，很适合步行上下班的客户来穿。

产品的特性和优点，是厂商从设计者、生产者的角度，赋予产品的特质。厂商在开发及生产产品前，当然也做过市场调查，以使产品满足目标市场客户群体的喜好，但不可否认的是，每位客户都有不同的购买动机，真正影响客户购买决定的因素，往往不是产品有多少优点，而是这些优点是不是他所需要的。即使你的产品有再多的优点，如果不能与客户的需求相结合，对客户而言都不能称为是利益。

反之，如果你能发掘客户的特殊需求，能找出产品的特性和优点，满足客户的特殊需求，或解决客户的特殊问题，就是最大限度地发挥了推销员的价值，使客户得到最大的满足。推销员带给客户累积的特殊利益越多，客户越能得到最大的满足。如下列图表所示：

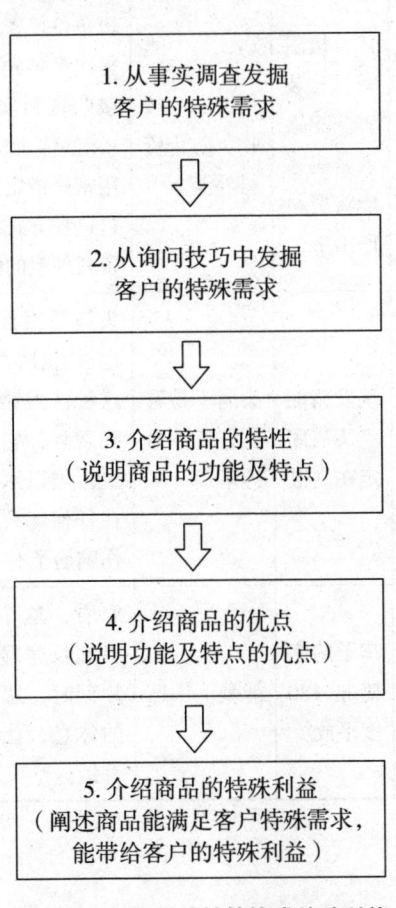

```
┌─────────────────────┐
│  1.从事实调查发掘    │
│    客户的特殊需求    │
└─────────────────────┘
           ↓
┌─────────────────────┐
│  2.从询问技巧中发掘  │
│    客户的特殊需求    │
└─────────────────────┘
           ↓
┌─────────────────────┐
│   3.介绍商品的特性   │
│ （说明商品的功能及特点）│
└─────────────────────┘
           ↓
┌─────────────────────┐
│   4.介绍商品的优点   │
│ （说明功能及特点的优点）│
└─────────────────────┘
           ↓
┌─────────────────────┐
│  5.介绍商品的特殊利益 │
│（阐述商品能满足客户特殊需求，│
│   能带给客户的特殊利益）│
└─────────────────────┘
```

图 3-3　如何将特性转换成特殊利益

表 3-3　商品特性转换成特殊利益的推销话语范例

客户特殊需求	特性	优点	特殊利益
银行柜台希望主动更换供客户使用的圆珠笔，不要等到写不出来时由客户告知才更换，造成银行服务品质差、管理不善的印象。	透明圆珠笔	能看得见圆珠笔油墨的使用状况	你可清楚地看出圆珠笔的油墨还能使用多久，能让你简单地进行主动更换的动作。让客户在贵银行绝对不会发生写不出字的状况。这个小动作能让贵银行在服务客户的管理品质上，赢得客户的信誉。
情报单位使用传真机接收资料时，不希望被第三者看到，以免信息泄露出去。	传真机附密码装置。需输入密码才能将资料印出来	指定人接收，防止资料外泄	贵单位机密的传真文件特别多。要是每次都事先联络后，再守在传真机旁接收资料实在费时费力。本公司的××型传真机，附有密码装置，并有用密码指定专人接收的软件设计，通过这种方式接收资料，再也不用担心资料外泄的问题。
客户的头屑特别多，常常在开会或用餐时无意间摇头，而让头屑坠落四处，造成尴尬的场面。	洗发精能将头屑固定在发根	头屑不易看到，且不易掉落	头屑是困扰很多人的问题，但目前也没有任何药物能消除或减少头屑。这种洗发精除了能清除污垢、滋润头发外，它还能将头屑附着于发根上，须以水清洗才能掉落，能让您在任何场合中都不再为恼人的头屑伤脑筋了！
客户经常开车到各地洽谈业务，有时需在车上过夜或做较长时间的休息。	车子的座椅能180度平放	能躺下休息	您看，这个座椅能180度地平放，当您长途驾驶感到疲惫，想要休息片刻时，您能很舒适地躺下做充分的休息，让您迅速消除疲劳，精神百倍。

◆产品说明的成功范例

图 3-4 是产品说明的成功范例及步骤：

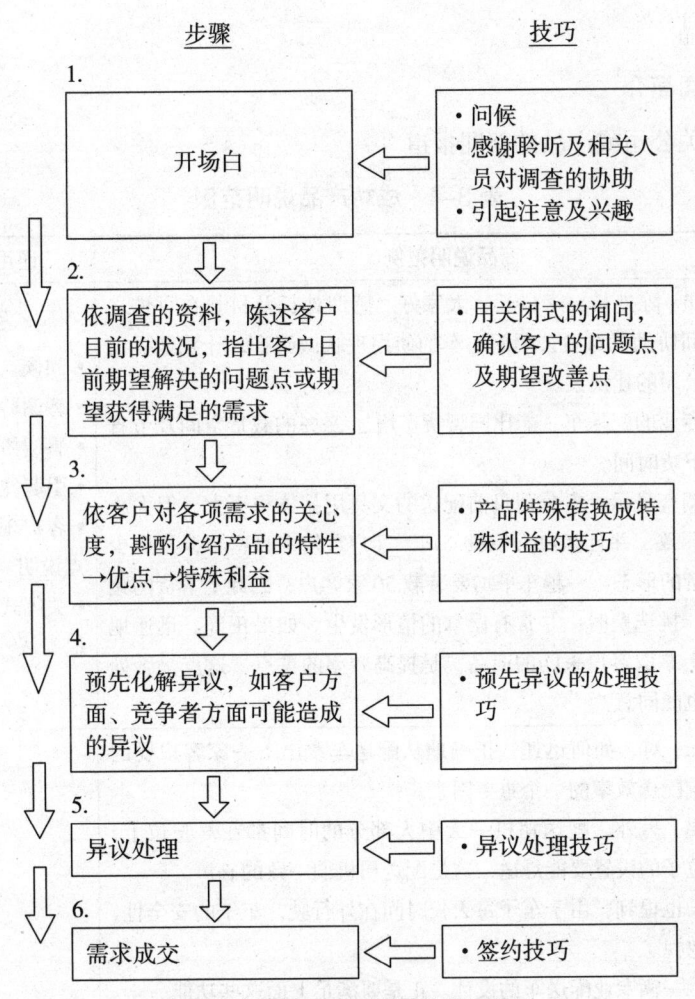

步骤		技巧
1. 开场白	←	· 问候 · 感谢聆听及相关人员对调查的协助 · 引起注意及兴趣
2. 依调查的资料,陈述客户目前的状况,指出客户目前期望解决的问题点或期望获得满足的需求	←	· 用关闭式的询问,确认客户的问题点及期望改善点
3. 依客户对各项需求的关心度,斟酌介绍产品的特性→优点→特殊利益	←	· 产品特殊转换成特殊利益的技巧
4. 预先化解异议,如客户方面、竞争者方面可能造成的异议	←	· 预先异议的处理技巧
5. 异议处理	←	· 异议处理技巧
6. 需求成交	←	· 签约技巧

图 3-4　成功的商品说明步骤及指引

产品说明的注意点还包括:

1. 维持良好的交谈气氛;

2. 选择恰当的时机做产品说明;

3. 在产品说明的过程中,如果客户提出不同意见,不要试图与其辩论;

4. 预先想好开场白;

5. 运用辅助资料,例如:

· 投影片

· 幻灯片

- 样品
- 公司简介
- 有关公司或产品的新闻报道

表 3-4 成功产品说明范例

商品说明范例	通用技巧
推销员：陈处长、李科长，大家好。感谢处长及科长在百忙之中抽出时间协助我对贵公司配送车的使用现状做调查，让我能提出更适合贵公司的建议案。 一辆专业的配送车，能比同型货车增加25%的载货空间及节省30%的上下货时间。 根据调查显示，贵公司目前配送的文具用品体积不太，但大小规格都不一致，并且客户为一般公司，客户数量多且密集，是属少量多次进货的形态，一趟车平均要装载50家客户，因此上下货的频率非常高，挑选费时，并常有误拿的情形发生。如果正确、迅速地在配送车上拿取客户采购的商品，是提高效率的重点。这点是否处长及科长也能同意？	• 问候 • 感谢聆听 • 感谢协助调查 • 引起注意及兴趣 • 客户现状及问题点说明 • 关闭式的询问争取确认
陈处长：对，如何迅速、正确地从配送车拿出下一家客户要的东西是影响配送效率的一个重要因素。 推销员：另外，配送司机一天中大部分的时间都在驾驶位上，因此驾驶位子的设置要能舒适，这是配送司机们一致的心声。 李科长也提到，由于车子每天长时间在外行驶，车子的安全性，绝对不可忽视。 的确，一辆专业配送车的设计，正是要满足上面这些功能。 本公司新推出的专业配送车。正是为满足客户对提高配送效率而专门开发设计出来的。它除了比一般同型货车超出了15%的空间外，还设计有可调整的陈放空间。您可依您空间大小的需要，调整出0到200个置物空间，最适合放置大小规格不一致的配送物，同时能活动编号，按号码迅速取出配送物。贵公司目前由于受制于取货及放置的不便，平均每趟只能配送50个客户，若使用本配送车，你可调整出70个置物空间，经由左、右及后面活动门依编号迅速取向客户所要的东西。 配送车的驾驶座，有如活动的办公室。驾驶座的位置调整装置能依驾驶人员的特殊喜好，调整出最适合他的位置。座椅的舒适度，绝对胜过一般内勤职员的椅子。并且右侧特别设置了一个自动抽取式的架子，能让配送员书写报表及单据，使配送人员更能感到公司对他们的关心。	• 客户确认问题点 • 特殊需求确认 • 商品特性转换成特殊利益

续表

商品说明范例	通用技巧
由于配送车在一些公司并非专任司机使用而采轮班制，因此，车子的安全性方面的考虑更是重要。本公司生产的配送车有保护装置、失误动作废止、缓冲装置等。另外还有电脑安全系统控制装置，能预先防止不当的操作所带来的危险，能使车祸意外降至最低。贵公司的配送人员也常有轮班、换班的情形，使用本车能得到更大的保障。 　　或许有人会说，万一安全系统的电脑发生故障，不是更危险吗？这个问题非常好，因为在设计时也有人提出过。我们的解决方法是，如果安全系统故障，车子一发动，就会有"哗""哗"的报警声发出。	
陈处长：听起来不错，但目前我们的车子还没到公司规定的汰旧换新的年限，况且停车场也不够。 　　推销员：陈处长说的不错。停车场地的问题，的确给许多成长的公司带来一些困扰。贵公司业务在处长的领导下，每年增加15%，为了配合业务增长，各方面都在着手提高业务效率。如果您使用本公司的配送车，每天能平均提高 20% 的配送量，也就是您可以减少目前 1/5 的配送车辆，即可以节省 1/5 的停车场地。虽然贵公司的车子目前仍未达到公司规定的使用年限，汰旧换新好像有一些不合算。可是您若采用此类专业配送车，不但因增加配送效率而能降低整体的配送成本，还能节省下停车场地的空间，让贵公司两年内不需为停车场而操心。 　　据我所知，目前贵公司 50 辆配送车中有 10 辆已接近汰旧换新年限，是否请陈处长先同意选购 10 辆本公司生产的专业配送车，旧车我们会以最高的价格估算。	• 预先异议处理技巧 • 异议提出 • 异议处理 • 要求成交

如何展示产品

　　产品展示是推销的过程中的核心环节，在很大程度上决定着推销活动的成败。客户愿意投入时间观看你的展示，表示他确实有潜在需求，此时正是你证明自己的产品能充分满足他需求的绝佳机会，必须牢牢把握。记住——你展示产品的最终目的是要激起客户的购买欲望，要时刻牢记客户的需求。

◆ 做好展示前的准备

产品展示是指推销员通过对产品的演示、操作，让客户充分了解商品的外观、操作的方法、具有的功能及能给客户带来的利益，借以达成销售的目的。影响展示效果的要素有两个：一是产品本身的质量；二是推销员的展示技巧。

产品展示是让客户了解与体验产品的最好机会，也是推销员阐述产品优点的最好时机，因为在进行展示时，推销员具有以下两个有利条件：

（1）客户愿意花一段时间专注地倾听推销员的说明，证明客户对产品有一定的兴趣；

（2）在产品说明的过程中，推销员能有顺序地、有逻辑地、有重点地、完整地说明产品的特性以及给客户带来的利益。

产品展示的准则是针对客户的需求，突出产品的特性及带给客户的利益点，并从实际操作证明给客户看。

推销员可通过三种方式，进行产品展示活动：①经客户同意，将产品带至客户处展示；②邀请客户至公司展示间进行展示；③举办展示会，邀请客户参加。

无论采取哪种展示方式，都要做好以下准备：

1. 产品的准备

• 事前检查，确定用于展示的产品的品质与性能合乎标准。

• 若至客户处展示，要事先确认客户处的各项条件——如电源、地点、操作空间等——合乎产品安装与使用规范。

• 要做好备用品的准备，如进行投影机展示前须准备备用的投影灯泡，以免展示过程中灯泡突然坏掉。

• 检查展示用品是否备齐。

2. 场地的准备

• 展示会场要事先布置妥当。

- 准备欢迎参观者的看板，如"欢迎×××总经理莅临会场"。

3. 推销员自身的准备

- 保持良好的仪容仪表与精神状态。
- 对产品展示过程中的每个环节都要熟记于心。

◆展示说明打动客户的心

在对不同的产品进行展示时，由于产品本身的不同特性，因而进行展示说明的方式也不尽相同。推销员应尽可能地利用下列的方法，让自己的展示更生动、更能打动客户的心弦：

1. 增加展示的戏剧性

一名推销减肥设备的推销员，在向客户展示自己的产品时，会发给每位客户一个10公斤重的东西，请客户拿在手上，然后询问客户："您愿意让这个东西一天24小时地跟在您身上吗？"他以戏剧性的方式增强客户减肥的期望，以激起客户的购买欲。

2. 让客户能看到、触摸到、用到产品

预售房屋时，房地产商都会不惜本钱地盖出一户样板屋，让参观的客户看到房屋的隔间、触摸到室内的陈列物，并带着客户亲身体会住进这样板屋的感受。这种真切的体验能增进客户对产品的了解，并激发客户的需求。

3. 可引用一些有说服力的实例

推销员在展示说明的过程中，可以穿插一些有说服力的实例，如报纸、电视曾报道的实际案例，或你之前的客户在使用你的产品之后提供的正面反馈，增强目标客户对你的产品的信心，打消其可能存在的疑虑。

4. 要用客户听得懂的话语说明产品

推销员在进行产品说明时，切忌使用过多的技术专用词汇，以免客户不能充分理解推销员所表达的意思。过多的技术专有名词还会让客户觉得产品过于复杂，使用起来一定不方便，因而不愿意购买。

5. 让客户参与展示过程

例如推销员在推销彩色复印机时，可请客户取出自己的彩色照片，让客户自己操作复印，使其对产品的特点和性能有直观的了解。

6. 掌握客户关注的利益点，证明你能满足他的需求

每一位客户在购买产品时都有自己关注的利益点，推销员要做的就是找出利益点，并证明自己的产品能满足客户的需求。例如，同样是买车，每位买主的关注点不一样，有的人看重车子的安全性；有的人看重车子驾驶时的舒适度；有的人看重车子的外形设计。因此，掌握客户关注的利益点，并证明你的产品能完全满足他的需求，是推销员进行产品展示说明时的关键点。

◆展示讲稿的撰写

展示讲稿分为两种，一种是标准的展示讲稿，另一种是应用的展示讲稿。

标准的展示讲稿是以一般客户为对象撰写的展示讲稿，其内容是陈述产品的特性及优点，还有产品的操作方法。

标准的展示讲稿多用于训新推销员，目的是让推销员熟悉如何边进行产品操作，边向客户做展示。

应用的展示讲稿是针对特定客户进行展示说明时采用的，它是将标准的展示讲稿依客户特殊的需求修正后的展示讲稿。

你可依下列的步骤撰写你的应用展示讲稿：

- 找出客户最期望的改善地方或最希望被满足的需求。
- 找出产品的特性及优点。
- 找出客户使用此种产品能够解决的问题和取得的收益。
- 依客户需求的优先顺序陈述产品的特性和优点。
- 证明产品能满足客户的特殊利益。
- 总结产品的优势以及客户应当购买产品的理由。
- 要求成交。

表 3-5　展示讲稿范例

展示讲稿范例	推销技巧及动作
推销员：各位好！欢迎莅临参观本公司推出的不粘油妙妙炒菜锅展示。现在的社会中，厨房已不再是专属于女人了，不管是先生或太太都要下厨做饭。不知道王先生是否也有下厨做饭的体验？ 王先生：是啊！太太也上班，谁先回家谁就先动手做饭。 推销员：请问王先生，当您做菜时，您是否觉得炒一盘青菜要比煎鱼或炒肉方便多了？ 王先生：当然，煎鱼、炒肉不管怎么样都会粘锅，炒第二盘菜时非得洗锅不可。 陈小姐：是啊！每次煎鱼的时候，鱼皮有一半都黏在锅上，除非放很多的油。 推销员：如果有一种炒菜锅，不管您炒什么菜，都不用担心会粘锅，您是否会觉得使用起来比目前要方便？ 陈小姐：当然。	• 问候 • 调查 • 询问法 • 获取客户"是的"的回答 • 获取"是的"的回答 • 并让客户说出问题点
推销员：本公司新推出的妙妙炒菜锅，即是针对解决炒菜粘锅特别开发出的一种新产品。 　　这是一条鳟鱼，是最容易粘锅的，我们来看看使用妙妙炒菜锅时，是否会粘锅？我们先把油倒进锅里，您可看出我倒油的分量几乎比一般情况下要少三分之一，火不用开到最大，锅子很快就热了。妙妙炒菜锅的导热速度要比一般锅快一半，可以节省您煤气的耗用量，现在我们把鱼放进去，您可看到油并不附着于锅上．因此油虽然比原来少，但能有效地接触到鱼的全身，因此较不容易煎糊、煎焦。 　　陈小姐，这是锅铲，请您将鱼翻面，您可再翻一面，您看就是这么容易一点也不粘锅，由于不粘锅，锅座的温度能均匀散布，锅底能发挥最大的导热效果，因此您只需要用中火即可，可节省煤气的用量。 　　现在我们来试第二道菜，您只要把妙妙炒菜锅用清水一冲，锅上没有一滴残余的油腻。陈先生您看是不是省掉许多处理以往煎鱼后的清洗工作，就这么轻松，您可进行炒您的第二道菜，再也不要为油锅的油腻而伤脑筋。 　　目前的家居生活都讲究提高生活的品质，妙妙炒菜锅能大举地提高了您厨房的工作效率，它可以让您减少接触油腻一半以上的时间，能让您烧出色香味俱全的佳肴，它让您不再视厨房为畏途，同时也能达到省油、省气的附带效果。陈小姐、王先生，妙妙炒菜锅能增进您烹调的乐趣，也让您的家人再也不会吃到有损健康的烧焦食物。是不是今天晚上就让妙妙炒菜锅开始为您服务吧！	• 询问法 • 获取客户认可的回答（手拿起鱼，让客户看） • 陈述特性及利益点 • 让准客户自己动手证明推销员所说的利益（客户将鱼翻面，确定鱼不粘锅） • 证明清洗容易的利点（将清水置于锅内，摇晃后倒出，让客户观看不沾油的锅面） • 汇总利点 • 要求成交

◆ 把握产品展示的重点

客户选购各类产品时都有特定的诉求，例如客户选择货品运输服务时最关切的是货品能否安全、及时、准确无误地送达目的地，因此运输业的推销员向客户做展示时，必须突出本公司服务的安全性、及时性和准确性，满足客户的诉求，这样才能赢得客户。

每一种产品都有一些最能打动客户的诉求重点，推销员如果顺着这些重点去推销，就能收到事半功倍的效果。下面的一些例子可供参考。

1. 房产销售重点：

- 投资价值

购买房屋可以保值、增值。

- 便利性

该小区在交通、购物等方面的便利性。

- 居住品质

小区环境优美、安静。

- 安全性

小区的保安设施、大楼管理员配置。

- 体现社会地位

小区里都是社会名流居住，住在该小区能代表个人的社会地位。

每个人购买房子的动机不一样，例如有的人是为了上班方便，有的人只想有一间房屋能住就好，有的人想拥有较有品味的居住环境，有的人想显示自己的身份地位。不管客户的动机是什么，房产推销员都可以找到相应的销售重点，进行有针对性的推销。

2. 玩具销售重点：

- 教育性

玩具对孩子具有某种启发和教育作用。

- 安全性

孩子在玩玩具的过程中不会受到意外伤害。

- 娱乐性

玩具要好玩孩子才能玩得久。

虽然家长在给孩子挑选玩具时可能受到多种因素的影响，但上面的三个销售重点仍然是最能打动父母的。

3. 生产设备销售重点：

- 生产效率

客户购买生产设备的目的是促进生产，生产效率自然是其关注的重点。

- 投资回报率

决定客户收益的不仅是生产效率，还有投资回报率，因此投资回报的高低及风险大小也是一项重要的指标。

- 稳定性

生产线上的主管最关心生产设备的稳定性，因为他们要对每日的产量负责，生产设备不稳定会直接影响到他们的绩效。

4. 办公设备销售重点：

- 易操作性

办公设备操作起来是否方便，是否需要专人操作，都是影响办公效率的重点，也是客户关心的问题。

- 体积大小

目前办公室的租金都非常昂贵，办公空间有限，因此体积过于庞大的办公设备不会受欢迎。

- 提升工作效率

客户购买办公设备就是要提高工作处理的效率，这是客户的主要诉求。

把握客户诉求能让你迅速掌握产品展示的重点，也让你知道该如何准备。例如建材的推销员要想满足客户的需求，解决客户的问题，必须充实建材的各种知识，关心建材市场的变化；人寿保险的推销员要想打动客户，一定要有慈善之心、友爱之心，要能主动地关心周围的人。了解客户诉求，把握产品展示重点，能让你的销售力增益于无形中。

◆ 用证据说服客户

当你想要说服别人的时候，证据是最有说服力的，推销的过程也是如此。那么，推销员如何拿出证据来说服目标客户呢？

一位轿车推销员正在为客户推荐一辆豪华轿车。他引导客户从不同的角度观察车子，让客户亲眼看到车子的外形有多么气派；又请客户坐在车上，让他感受车的宽敞、舒适及豪华；然后他拿出几位商界知名人士签下的订购合约，给这位目标客户过目。随后，他们开始谈到车的价格及交车的手续，不一会儿客户就签下了这单将近120万的合约。

你也许觉得那个推销员纯粹是运气好，但这位汽车推销员的运气不是凭空而来的，他做对了两件事，才给自己带来了好运。第一件事是他充分掌握了客户的需求，知道客户自己根本不开车，备有专职的私人司机，他对车不是很了解，他需求的重点只有两个字——"气派"。因此，推销员将"气派"作为他的销售重点。第二件事是他通过客户的实际体验，证明他推荐的车子能满足客户的需求，例如他引导准客户从不同角度来看，这部车的外形是如何让人一看就觉得气派非凡；他让客户坐在车中亲自感受其舒适、宽敞及豪华；他还拿出商界知名人士的订购合约，证明这部车是有地位人士的最佳选择，完全符合客户的需求。

通过上面的案例，我们可以看出用证据说服客户的步骤有两个：

1. 找出满足客户需求的销售重点

客户在购买产品时都会有自己和核心诉求，找准客户诉求，将其与产品特点相匹配，就能找到销售重点。

2. 根据销售重点准备相应证据

由于满足准客户的销售重点不尽相同，因此你必须针对不同客户的情况，找出证明产品优点的最好方法。

证明的方法有很多，下面的几种方法可供你参考：

• 实物展示

产品本身是最好的证明方式，产品的销售重点可通过实物展示得到证明，因为"眼见为实，耳听为虚"。

• 专家的证言

你可收集专家发表的言论，证明自己的产品价值。例如科学研究表明，符合人体工程学设计的椅子，可防止不良的坐姿导致脊椎骨的弯曲。

• 推荐信函

其他知名客户的推荐信函也是极具说服力的。

• 保证书

保证书可分为二类，一是公司提供给客户的保证，如一年免费保养维修；二是产品品质的保证，如获得ISO9001品质认证。

• 客户的感谢信

有些客户由于对公司的产品和服务非常满意而致函表达谢意，这些感谢信是一种有效的证明方式。

• 统计及比较资料

有关产品销售及市场反应的统计资料，以及与市场同类产品的比较资料，能有效地证明你的说法。

• 成功案例

你可向目标客户提供一些成功的销售案例，证明你的产品受到别人的欢迎。

• 公开报道

报章、杂志等刊载的有关公司及产品的报道，都可以当作一种证明的资料，让客户对你产生信赖。

针对不同类型客户的应对方法

在推销过程中，推销员不可能期盼客户主动调整他的心理、习惯和行动，去顺应自己的推销风格。一个推销员在职业生涯中，会遇到许多客户，这些客户有着不同的年龄、职业和性格。为了提高成交率，每个推销员必须深入研究各种不同类型客户的心理、性格特点和应对方法，将自己在推销过程中获得的经验和教训不断加以总结，提升自己的销售力。

下面就不同类型客户的性格特点、心理加以分析，再找出应对方法。

◆ 怎样应对不同性格的客户

1. 严肃认真型

这类客户对待每件事都很认真，在充分了解情况之前，他们是不会决定一件事是该做还是不该做的。他们对于推销员都有一种本能的防御心理，对于交易也如此，所以这类客户一般都比较犹豫不决，很难下决心购买产品。

这类客户多疑，一般来说推销员很难取得他们的信任，但只要他们对你产生了信任，就会对你毫无保留。

这类客户很少说话，当你询问问题时，他们通常做简短的回答，或者只是点头，很少开口拒绝或反驳别人。

推销员可以抓住这类客户不会开口拒绝的性格促使他购买，只要他在购买之后发现产品确实货真价实，就会一直买你的产品，因为他对你建立了信任。

反之，如果推销员这次骗了他，以后他绝不会再来买你的产品，即使你有再好的产品或再优惠的条件他也不会理睬你，因为他认为你不够义气，不值得交往。

这类客户还有一种特点，就是有时太腼腆了，所以对他们说话要亲切，尽量消除双方的距离感，这样，他才能听你推销，交易也才能更顺利。而有了第一次交易的圆满成功后，他们往往会成为你的固定客户。

这类客户如果对产品心存疑虑，往往不会直接说出来，好像说出来要伤害推销员的自尊心似的。因此推销员要在推销过程中主动揣摩客户心理，找出对方可能存在的疑问和顾虑，并加以解决，这样就能达成交易。

总之，推销员对这些客户要尽量亲切一些，不要欺骗他们，这样在保持信誉的同时，也增加了推销员的收益。

2. 自傲型

这类客户都爱夸夸其谈，喜欢吹牛，自己认为什么都懂，别人还没说出自己的观点，他就打断人家说"我知道"。这些客户常常炫耀自己，对着推销员总是这样说："你们这些业务，我都清楚。""我和你们公司总经理是老朋友。""我以前见过你们这些推销员，他们一个个都从我这儿逃走了，谁也别想赚我的钱。"面对这些客户，推销员往往会产生反感心理。

不过，这些客户有一个最大的优点，那就是毫不遮掩，心里有什么就说什么，你如果想探询什么消息，就可来找这些客户，他们一定会炫耀似地说给你听，并且知无不言，言无不尽。对于这类客户，即使不能达成交易，也千万别得罪他，因为他们能帮助你获取业内消息。

由于这类客户热衷于表现自己，你在与他交谈时，必须尽量显示出自己的专业知识，使他对你产生敬佩，使他服你。这样他就会对你产生信任感，交易的成功率也就会增大。

面对这种客户，不要一听他说他对你们公司的业务很熟悉，你就胆怯，就不敢向他介绍产品了，其实他们只不过是在你面前炫耀罢了。如果你在他们面前表现出不自信、没底气，他们就会看不起你，就不可能与你成交了；如果你在推销过程中展示出过硬的专业知识和强大的气场，他们就可能被你所折服，进而与你成交。

3. 精明型

这种客户都有一定的知识水准，文化素质比较高，能够比较冷静地思索，沉着地观察推销员。他们能从推销员的言行举止中发现问题，他们就像一个精明的观众在看戏一样，演员稍有一丝错误都逃不过他们的眼睛，这种客户总给推销员一种压迫感。

这种客户讨厌虚伪和造作，他们大都很严肃，不苟言笑，虽然与推销员见面后也会寒暄、打招呼，但看起来都冷冰冰的，没有一丝热情。

他们对推销员持一种怀疑的态度。当推销员进行产品介绍说明时，他看起来好像心不在焉，其实他在认真地听、认真地观察推销员的举动，在推测这些说明的可信度。同时他们在思考推销员是否是真诚、热心，有没有说谎，值不值得信任。

这些客户对自己的判断都比较自信，他们一旦确定推销员的可信度后，也就确定了交易的成败。也就是说，推销员推销给这些客户的不是产品，而是推销员自己。如果客户认为你真诚、值得信任，就会与你交易。但如果他们认为你夸夸其谈、不可靠，他们就会看不起你，会立即打断你，并且下逐客令把你赶走，没有丝毫的商量余地。

这类客户大都有准确的判断力，不会被表面现象蒙蔽。即使有的推销员表现得有些胆怯，但只要诚恳、热心，他们也会与你成交的。反之，即使推销员说得天花乱坠，如果让客户感到你不值得信任，他们也会断然拒绝交易。

应对这类客户有两种方法。一是脚踏实地，对其真诚、热心，不卑不亢，彬彬有礼，使其对你产生信任。二是在某一方面与客户产生共鸣，使他佩服你，与你成为知心朋友，这样他就会对你慷慨相待。具体操作方法就是与他们多谈一些他们所喜好的事物，这些都是在洽谈前要经过调查的。这样他会认为你与他有共同话题，他就会把你当作知心朋友对待，交易自然也就成功了。

另外，对于这类客户要保持礼貌以及分寸，对于他的要求，要给予热心的支回应。这样他就会认为你比较能干，有才能，会对你产生信赖，这样交易也就成功了。

4. 孩子气型

这类客户像孩子似的，很怕见陌生人，特别是怕见推销员。这类客户也有小孩子的好动心理,当推销员介绍说明时,他们喜欢东张西望,或者做一些别的事情,比如玩手里的东西或者写写画画,来躲避推销员的目光,因为他们很怕别人打量他,推销员一看他,他就显得不知所措。

不过,这类客户一旦与你混熟以后,就会敞开心扉,把你当朋友看待,有时还想依赖你,对你的信任也就产生了。

应对这种客户的方法,就是第一次见面时不谈生意,先与他聊天,和他混熟一点。等到他能与你自然地相处,甚至把你当朋友看待,此时你们再洽谈生意就顺利多了,交易也极易成功。

对这类客户,首先要给他一个好的第一印象,同时要细心地观察他,不时真诚地称赞他的一些优点,照顾他的面子,这样他会对你更信任,双方就能成为朋友。关于交朋友,推销员要主动一些,因为客户是不会先提出的。在交谈中,你可以坦率地把自己的情况告诉他,让他多多了解你,这样也可使他心理上更放松,使他和你更接近,这时他就可能谈自己的事情了。

经过交谈后,双方成为朋友,再洽谈交易,这时十之八九会成功。这是用真诚换取真诚。

5. 沉默寡言型

这类客户都不爱说话,但很有想法,做事非常细心,并且对自己的事都有主见,不为他人的看法所左右,特别是涉及到他的利益的时候更是如此。

这类客户看起来有一种冷漠的感觉,他们对于推销员不在乎,对于推销的产品也不重视,甚至推销员在进行产品介绍说明时,他们也没什么反应,不说一句话,也没有什么表情变化。其实他们在用心听,在仔细考虑,只不过不表现在脸上和话语中,而是在他的脑子里。

他们往往不提问题则罢,一提就会提出一个很实际而且切中要害的问题。这时推销员不能蒙混过关,因为你绝对骗不了他们。如果你解决不了他们的问题,他们就会立刻停止谈交易。所以推销员在小心地为他们解决问题时,要抓住问题的关键所在。只要解答了他们的问题,他们就会立即成交。

对待这类客户,千万别运用那些施压、紧逼追问等推销方法,这些方法对他们一点用也没有，只会令他们生气，令他们对你产生厌恶心理。不要夸夸其谈你的产品，因为他们不会听你的，说了也白说，反而令他们讨厌，他们会自己看产品样品，你只要做一些必要的介绍说明，再解决他们提出的问题，交易就能成功了。

在向这类客户进行产品说明时，要小心谨慎，说得全面一点，绝不可大意，要表现出你的诚恳和专业。听完你的介绍之后，客户需要一定的思考时间，这时你要闭嘴，等他考虑清楚之后，会问你一些问题，这时你再回答，同时进一步突出产品的优点，使他对产品产生更大的兴趣，这样达成交易的可能性就大了。

6. 外向干练型

这类客户办事干练、细心，而且性格开朗，只要与他多交谈一会，他就会和你更加亲近，这种客户相对来说容易成交。

这种类型的人说话做事都干脆利落，他们在与推销员见面之前已经想好了怎么说、怎么做、需要问哪些问题，所以他与推销员交谈就有了目的性，交易过程也就顺利多了。

他们会很坦率地把自己不愿购买的理由和对产品的不满说出来，这对于推销员是有利的，因为它给推销员的推销活动提供了方向，只要解决他们提出的这些问题，就能达成交易。

他们对推销员有一种微妙的抗拒心理，一见推销员就马上说："我不想买，只是看一看。"推销员对此不必在意，因为只要产品使他满意，使他喜欢，连他都会忘记自己说过这样的话。其实仔细揣摩，他说这样的话本身就是一种暗示，暗示自己如果看着好就买。

对待这类客户，只要以热心诚恳的态度多与他交谈，多与他亲近，就会消除双方的隔阂，合作交易也就做成了。

7. 热衷新事物型

这类客户对任何新事物都有一种不可抗拒的求知欲，对于一些新奇的产品，他们会带着极大的兴趣去了解它的性能、优点及与之有关的一切信息。

对待推销员，他们态度认真、大方、有礼貌，对推销的产品充满好奇，会积极主动地提出许多问题。

对待这样的客户，推销员必须热情、耐心地回答对方提出的所有问题，同时强调自己的产品的创新性，独特性，这样客户就会愉快地与你达成交易了。

8. 礼貌热心型

这类客户对任何人都很有礼貌，对任何人都很热心，对任何人都没有偏见，也不存在怀疑的问题。他们对推销员的话总是洗耳恭听，从不粗暴地拒绝。

但这类客户对于强硬态度或逼迫态度则比较反感，他们也不喜欢别人拍马屁奉承他们。他们对于那些彬彬有礼的知识分子特别看重，对于勤劳、诚恳的人也特别尊敬。

对待这类客户，推销员不需要刻意讨他们喜欢，只要表现出自己的热情、真诚，以及对自己的产品和专业能力的自信，就能吸引他们，使他们与你成交。

9. 多疑型

这类客户生性比较多疑，可能是因为他被人欺骗过。他们对任何事都抱怀疑心理，不仅对推销的产品以及推销员所说的话怀疑，甚至对推销员本人都怀疑，总认为别人在耍计谋，在利用他、欺骗他。

应对这类客户，关键就在于消除他的多疑心理，以亲切、热诚的态度对他进行产品说明，不要与他争辩，而以心平气和的态度与他交谈，尽量做出与他交朋友的姿态，并且要仔细观察他，研究他的心理变化，要随着他的心理变化而改变对他的说话策略，这样成交率才可能大一些。

◆ 怎样应对不同年龄的客户

每一个年龄阶层的人都有不同的性格、阅历、特征、爱好，所以我们可以按年龄层来研究客户心理。

1. 年轻客户（20 ~ 35 岁）

这类客户往往紧跟时代潮流，有一种赶时髦的心理，对于流行的产品有较强的购买需求。抓住这一点，推销员就有较高的成功几率。

另外，这类客户思维比较开放，正是易于接受新事物的时候，他们好奇心强，且兴趣广泛。这些对于推销员来说也是极有利的，因为推销员很容易吸引他们的注意力。

他们比较容易亲近，谈的话题也比较广泛，与他们交谈比较容易。由于他们的抗拒心理很小，只要对他们热心一些，尽量表现自己的专业知识，让他多了解一些这方面的问题，他们就会敞开心扉与你交谈了。

对于这类客户，你可在交谈中谈一些生活情况，尤其是理财问题，这时你就可以刺激他们的投资思想，使其觉得你的这次交易是一次投资机会，这样就很容易说服他们。如果他们在购买产品时遇到经济上的问题，要尽量为他们想办法解决，不要增加他们心理上的负担。

2. 中年客户（35～50岁）

中年客户各方面的能力都比较强，正是一个人能力达到顶峰的时候，他们的阅历较为丰富，判断能力强。推销员必须真诚地对待他们，与他们交朋友，这是成功推销的好办法，因为他们喜爱交朋友，特别是知心朋友。

对这样的客户不要夸夸其谈，不要炫耀自己的专业能力，而要认真地亲切地与他们交谈，除了简明扼要地介绍自己的产品之外，还可以对他们的家庭说一些羡慕的话，对他们的事业、工作能力说一些佩服的话，只要你说得实实在在，这些客户一般都乐于听你的话，也愿与你亲近，交易也就容易达成。

3. 老年客户（50岁以上）

老年人喜欢回忆往事，喜欢向他人谈论自己的子孙，同时往往比较孤独，渴望他人倾听自己的心声。根据这些特点，在应对老年客户时，可采取以下方法：

第一，从老年人比较孤独这一点出发，对于老年人要有耐心。他们可能会跟你唠叨个没完，表达自己对各种事情的看法。此时推销员应该体谅他们，认真聆听他们的话，对他们表示关心，态度要亲切、热情。

第二，推销员要多称赞老年客户的"当年勇"，对他们子孙的成就多表示赞扬，尽量说些让他们引以为豪的话题，这样可使他们兴奋起来，积极起来，给你的推销营造一个好的气氛。

第三，老年人特别喜欢那些老实的、对他们表现得很敬重并且很听话的年轻人，所以推销员在对老年客户进行推销时，自己要少说话，而要多听他们的话，这样老年人会对你产生好感和信任，交易就十之八九要成功了。

对待老年客户，要注意避免两个问题：一是不要夸夸其谈，因为老年人觉得这样的人轻浮，不可靠，交易也就会以失败而告终。第二就是不要当面反驳他或与他争辩，因为这样会激怒他，使他和你争吵，这样你们的交易就泡汤了。

第四章
如何面对客户异议

推销员会竭尽全力，让客户口里的"不"字说不出口；但是，推销员毕竟不是超人，即使是顶尖的推销大师也会碰到客户说"不"的情况。

常言道，碰到说"不"的客户，推销员才能真的练出一身本领，因为这些客户会促使推销员反思自己的推销过程。成千上万的客户每天都在说"不"，或许是习惯使然，或许因为懒散，或许也包含自我保护的因素。

其实，客户的异议往往并不是绝对的，许多客户说的"不"字不代表彻底拒绝推销员，而是表示：我还有疑问，还未被说服。这样的客户，正是在寻求推销员的协助。

富有创造性的推销员对客户异议大都抱有积极的态度，他们把异议看作是自己的挑战，是施展才能的机会。他们能够从客户提出的异议中，判断出客户对产品是否真的需要，客户的顾虑和不满是什么，从而迅速修正自己的推销战术。

事实证明：一位推销员是否具有丰富而娴熟的处理异议的技巧，是决定其销售力高下的关键。

客户提出的6种异议

一般来说，客户异议主要有以下6种类型。

◆从自身情况出发提出的异议

从自身情况出发提出的异议包括：

（1）需求异议。客户自认为不需要推销员的产品，那么产品的价格、质量也就无从说起。

（2）权力异议。客户以无权决定购买为由而提出的异议。

（3）财力异议。客户以无钱购买为由提出的异议。

这三种异议有时也是客户谢绝推销的借口，因此推销员要特别注意弄清虚实，摸清客户是真话还是托词，根据不同情况采取不同策略，以促成销售。

◆ 对产品价格提出的异议

价格异议就是客户认为推销产品的价格过高，不能接受。讨价还价在推销中是经常碰到的，因为产品的价格是大多数客户所关注的问题。当客户提出价格异议时，往往表明他已有了购买该产品的初步打算。

虽然很多人都会抱怨产品价格太贵，但是美国财富杂志前几年的调查报告指出，大约只有4%的客户在购买商品时只考虑价格，其余的96%都会考虑品质。近年来，我国人民的生活水准持续提高，重视产品品质的倾向也愈来愈强，该调查报告的数据，对我国的消费市场而言，也具有参考价值。

客户一比较就知道两个不同品牌的商品价格不一样，若客户不知道为什么你的商品较贵，当然会对你的产品价格提出异议。此时，推销员不能凭"一分钱、一分货"的简单说辞说服客户，而是要明确指出你的产品能带给他哪些利益，让他相信你的产品物超所值。

也就是说，产品价格的贵或便宜不在价格本身，而在与客户觉得他从产品中获得利益的大小。价格的问题只是一个表象，当你接收到客户提出的价格异议时，你应该反思一下你的产品究竟能给客户带来多少利益，其中哪些是客户所不知道的，如何让客户了解更多的利益，而不是用"一分钱、一分货""实在不贵""用了就知道""保证不会让你后悔""保证你买了还会再来"等空洞的话语来应付客户。

再举一些例子，化妆品的推销员让客户相信自己的产品能带来"青春永驻"的效果，健康食品的推销员让客户相信自己的产品有"延年益寿"的功效，"青春"与"长寿"岂是价格能衡量的。这些例子是告诉我们，只有让客户了解并认同产品带来的利益，才能真正处理好价格的异议。

一位顾客曾经到家具城想要购买一把办公椅，店员带他看了一圈，他问店员："那两把椅子价钱是多少？"店员说："那个较大的是1800元，另外一把是2800元。"顾客再仔细看了一下问道："这一把为什么比较贵？我觉得这一把应该更便宜才对！"店员答道："这一把进货的成本就快2600元了，只赚你200元。"顾客本来对较大的那把1800元的有一点兴趣，但想到另外一把居然要卖2800元，这把1800元的椅子一定是粗制滥造，因此就不敢买了。

这位顾客又走到隔壁的一家家具城，看到了两把同样的椅子，打听了价格，同样的是1800元及2800元，他好奇地问店员："为什么这把椅子要卖2800元？"店员说："先生，您来坐一下这两把椅子比较比较。"顾客依他的话，两把椅子都坐了一下，一把较软、一把稍微硬一些，坐起来都蛮舒服的。

店员看顾客试坐两把椅子后，接着说："1800元的这把椅子坐起来较软，让人感觉很舒服，而2800元的椅子你坐起来觉得不是那么软，因为椅子内的弹簧数不一样，2800元的椅子由于弹簧数较多，绝对不会因变形而影响到坐姿。不良的坐姿会让人的脊椎骨侧弯，很多人腰痛就是因为长期不良坐姿引起的。这把椅子光是多出来的弹簧的成本就要将近300元。同时这把椅子的旋转支架是纯钢的，它比一般非纯钢的椅子寿命要长一倍，不会因为过重的体重或长期的旋转而磨损、松脱。椅子的旋转支架是最重要的部件，如果这一部分坏了，椅子就报销了，因此，这把椅子的平均使用年限要比那把多一倍，而纯钢和非纯钢的材料价格会差到600元。另外，这把椅子，看起来虽不如那把那么豪华，但它完全是依人体工程学原理设计的，坐起来虽然不是软绵绵的，但却能让你坐很长时间都不会感到疲倦。一把好的椅子对经年累月坐在椅子上办公的人来说，实在是非常重要。这把椅子虽然不是那么显眼，但却是一把精心设计的椅子。老实说，那把1800元的椅子中看不中用，是卖给那些喜欢便宜的客人的。"

顾客听了这位店员的说明后，觉得那把 2800 元的椅子真是物超所值，立刻决定购买了。

这个例子表明，推销员在处理价格客户的价格异议时，必须让客户充分认识到产品带给他的利益。

在处理顾客的价格异议问题上，有下列技巧供你参考：

1. 找出更多客户认同的利益

找出客户认同的利益，能将产品的价值提高，客户就能接受你的价格，例如上例中椅子能保护脊椎、符合人体工程学原理的设计、坐久不会疲倦、纯钢的支架比一般的耐用一倍等，只有客户认同你的产品所带来的利益时，他才愿意支付你要求的价格。

能赢得客户认同的利益点有：产品带来的好处和收益、良好的销售服务、免费服务维修的保证年限、公司良好的品牌形象和资质等等。

2. 产品带给客户额外的收益

如果你的产品除主要功能之外还能带给客户额外的收益，也能促使客户接受你的产品价格。产品的额外效益可从下面一些方向思考。

- 节省费用

例如：这台传真机的速度比你原先的要快一倍，改用它后，你每日可节省大笔的国际电话费用。

- 避免错误

例如：你使用这套会计结账系统后，以后结账再也不会因为计算的小疏忽，而耗费大量的时间、精力去修正账目。

- 无形的效益

例如：使用某一办公系统后可提高员工工作效率、增强员工向心力、优化企业形象等。

- 会员优待

例如：购买产品后就能成为会员，以后再购买即可享受优惠的价格。

- 资讯服务

例如：你成为我们的客户后，以后有关化妆保养的任何问题，我们都有专人负责替你解答。

3. 排除客户的疑虑或担忧

客户若对你的产品或服务存有疑虑时，自然会认为你的产品不应该有那么高的价格，因此排除客户的疑虑及担忧，是解决价格异议问题的基础。例如有些客户害怕电脑会伤害眼睛，推销员可以告诉客户，你销售的电脑屏幕是暗灰色及绿色的底色设计，不但不会伤害眼睛，而且能减少眼睛的疲劳，这样客户就能认识到你的产品的价值，进而放心购买了。

客户的其他疑虑和担忧包括：售后服务能否保证、保险理赔是否真的能履行、产品是否耐用、小孩玩具是否安全、预售房是否准时交房……推销员对于客户所担心的方方面面、点点滴滴，都必须逐一排除，客户才会认同你的产品，进而接受你的产品价格。

4. 把产品成本细分化

例如上面椅子的例子，客户多花 1000 元购买一把较好的椅子，至少可坐三年，如果把 2800 元的价格除以使用天数后，会发现价格较高而耐用的椅子比便宜不耐用的椅子还要经济实惠，这就是所谓"产品成本细分化"。

推销员在进行产品成本细分化后，能把客户的注意力从庞大的价格总数转化为细分化后的金额，使客户能更客观地衡量他购买产品的成本和收益，进而接受产品的价格。

推销员若能活用上面的价格异议处理技巧，面对客户提出的价格异议，必能成竹在胸，冷静、得体地应对，经由价格异议的处理而直接通往成交之门。

价格异议的处理的关键在于"利益"两个字。因此，在客户没有充分认同你的产品能带给他的利益前，不要轻易地陷入讨价还价的"阵地战"中。以目前的市场交易习惯而言，客户要求折扣是难免的，若是你能让客户充分了解他能得到的利益，你在对应客户的"讨价还价"时就能得心应手，占据主动地位。

◆ 对产品品质提出的异议

产品品质异议是指客户认为推销产品的品质有问题，或不符合自己的要求。在这种情况下，客户可能对这一类的产品存在购买需求，只是推销员提供的产品不够理想，不能说服他购买。品质异议产生原因很多，包括客户对产品缺乏了解，或存在特定的购买习惯和偏见等等。这种异议对推销员的挑战性很强，处理起来相对棘手，推销员必须对自己的产品及相关的业务知识非常熟悉，才能以足够详细的产品介绍来说服客户，使其对产品品质有正确的认识。

◆ 对服务提出的异议

服务异议是指客户对推销员做出的服务承诺不信任，或对其所代表的企业的售后服务不满意，而不愿与之成交。

销售服务包括三个方面：销售前提供真实、可靠、及时的信息咨询和技术培训等；销售过程中提供便捷可靠的包装、运输服务；售后提供技术指导、安装、维修及质量保证等服务。按照现代的营销观念，服务本身就是产品的一部分，属于产品整体观念的第三层次——附加产品。客户在购买产品时不仅看重产品本身，也看重推销员及其公司的销售服务，当客户对服务提出异议时，推销员应诚恳耐心地向客户做出说明，还可以举出以前客户的正面反馈，以增强自己的说服力和可信度。

◆ 对货源提出的异议

货源异议是指客户对推销产品的生产厂商存在疑虑。处理货源异议对推销员来说可能是比较困难的，但是货源异议又说明客户对这一类产品确实存在需求，也就是推销的曙光在前，仍有成功的希望。此时推销员必须耐心向客户解释,打消客户的疑虑及可能存在的偏见,最终促成交易。

◆ 对购买时间提出的异议

购买时间异议又称故意拖延,即客户认为目前购买时间未到而有意拖延购买时间的一种异议。一般而言,当客户提出购买时间异议时,往往意味着他有购买欲望,只是因为某些因素而犹豫不决。面对这种异议,推销员可以多鼓励客户,也可适当加压,促使其尽快做出购买决定。

上述六种不同类型的客户异议,就其性质而言又可分为三类:

1. 真实的异议

客户提出的异议是其真实的心理反应,他的确对你的产品没有购买需求,或对你的产品不满意,例如从朋友处听到你的产品容易发生故障。

面对真实的异议,推销员必须视状况采取立刻处理或延后处理的策略,具体遵循规则如表4-1。

表4-1 异议处理表

你对异议最好立刻处理的状况
• 当客户提出的异议是属于他关心的重要事项时
• 你必须处理后才能继续进行推销的说明时
• 当你处理异议后,能立刻要求成交时
你对异议最好延后处理的状况
• 对你权限外或你确实不确定的事情,你可承认你无法立刻回答,但你保证你会迅速找到答案告诉他
• 当客户在还没有完全了解商品的特性及利益前提出价格问题时,你最好将这个异议延后处理
• 当客户提出的一些异议,在后面能够更清楚证明时

2. 假的异议

假的异议分为两种:

• 客户用借口、敷衍的方式应付推销员,因为他们不想和推销员进行会谈，不想介入销售的活动。

• 客户虽然提出很多异议，但这些异议并不是他们真正在乎的地方，如"这件衣服是去年流行的款式，已过时了""这车子的外观不够流线型"等，虽然听起来是一项异议，但不是客户真正的异议。

3. 隐藏的异议

隐藏的异议指客户并不把真正的异议提出，而是提出各种真的异议或假的异议，目的是要借此假象达成隐藏异议解决的有利条件，例如客户希望降低价格，但却提出其他如品质、外观、颜色等异议，以降低产品的价值，而达到降价的目的。

客户异议的产生原因

客户异议的产生原因有很多，但归纳起来不外乎来自于客户和推销员两个方面，具体表现在：

◆客户自身原因

1. 产品不符合客户的消费习惯

每个客户都有不同的消费习惯，对某些产品和品牌可能"情有独钟"，其他的同类产品很难越"雷池一步"。例如从目前使用的 A 品牌转成 B 品牌，从目前可用的所得中拿出一部分购买未来的保障等，都是试图让你的客户改变目前的消费习惯，客户对此可能存在抵触情绪。

2. 情绪处于低潮

在推销过程中，客户的心情也是客户异议产生的一个原因，推销员在推销洽谈之前，应对客户的情绪状态先有所了解，避免在客户心境不佳时进行推销，因为此时客户即使想成交，他也会因一时的心情不佳，故意提出各种异议，有意地阻止成交。

3. 没有购买意愿

推销的产品没有引起客户的注意及兴趣，客户没有购买的意愿。

4. 产品无法满足客户的需要

客户对某一类产品存在需求，但推销员提供的产品不能充分满足客户的需求，因此客户无法认同推销员所提供的产品。

5. 预算不足

产品的价格与客户心理期望价不符，客户因预算不足而产生价格上的异议。

6. 借口、推托

客户只是不想花时间与推销员会谈，因此找各种借口提出异议，试图阻止推销员进一步推销。

7. 客户抱有隐藏式的异议

客户抱有隐藏异议时，会提出各式各样的其他异议作为掩饰。

◆推销员的推销方式存在问题

由于推销培训在某些企业部门还没有给予足够的重视，推销员本身的素质差，再加上企业文化不深入人心，因而无法达到推销的需求。其表现在下列几个方面：

1. 无法赢得客户的好感

推销员的言行举止让客户产生反感，因此客户提出异议，不愿成交。

2. 做了夸大不实的陈述

推销员为了说服客户，以夸大不实的说辞哄骗客户，结果带来更多的异议。

3. 使用过多的专门术语

推销员在说明产品时，若使用过于高深的专门知识，会让客户觉得自己无法操作使用该产品，只能提出异议。

4. 事实调查不正确

推销员引用的调查资料和数据不正确，引起客户的异议。

5. 沟通方式不当

推销员如果自说自话而不倾听客户的反馈，就无法把握客户的真实需求和问题点，因而产生许多异议。

6. 展示失败

推销员在展示产品时如果遭遇问题和故障，会立刻引起客户的质疑和异议。

7. 话语过于生硬

推销员如果与客户争辩，总想在言辞上压倒客户，就会让客户感觉不愉快，而提出许多推销员难以反驳的主观上的异议，例如不喜欢这种颜色、不喜欢这个式样等。

处理异议 6 种办法

一些推销高手对客户异议的处理方法进行了分析，总结出以下几种比较实用而有效的异议处理方法。推销人员只要对各种方法予以巧妙地运用，就能有效地对客户异议做出恰当的处理，进而达成交易。

◆ 换个话题

【范例】

当你拜访家电店的老板时，老板一见到你就抱怨说："这次空调机的广告为什么不找找×××拍？要是找×××拍的话，我保证早就向你再进货了。"

碰到诸如此类的反对意见，你不需要详细解释公司不找×××拍广告的理由，因为这一点对于交易而言其实并没有那么重要，店老板真正的异议恐怕是别的问题，你要做的是面带笑容附和他的话，然后寻找时机转变话题，找到客户真正的异议所在。

有些时候，客户提出的一些反对意见并不是真的想要获得解决或讨论，他们是"为反对而反对"或"只是想表现自己的看法高人一等"。对于这些客户异议，若是你认真地处理，不但费时，还有旁生枝节的可能，无助于推销活动的开展。因此，你只要让客户满足了表达的欲望，就可寻找时机，迅速地引开话题。

在转换话题时，推销员应注意以下几点：

第一，如果客户提出的异议情形并不严重，而且与眼前的交易并没有什么直接的关系，即使不予答复也不会影响面谈的进行和交易的达成，推销员就可以在简单附和客户意见后转换话题。

第二，推销员心里虽然明白客户的某些异议无关紧要，但不能将这种心理表露出来，在回应客户时应保持认真的态度，以免客户看出破绽，产生被人奚落的感觉。

第三，当推销员确定客户异议为真，且不理睬会引起客户不满时，应认真对待客户异议，设法解决问题，而不能回避问题。

◆给客户一些补偿

【范例】

客户："这个皮包的设计、颜色都非常棒，令人耳目一新，可惜皮料的品质不是最好的。"

推销员："您真是好眼力，这个皮料的确不是最好的，要是选用最好的皮料，价格恐怕要比现在高出一倍以上。"

当客户提出的异议有事实依据时，推销员应该承认并欣然接受，否认事实是不明智的举动。此时推销员要做的是给客户一些补偿，让他取得心理的平衡，也就是让他产生两种感觉：

- 产品本身的价值与售价是一致的，甚至物超所值的；

- 产品所具有的优点对客户是重要的，而产品可能存在的不足对客户而言是相对次要的。

这种处理异议的方法叫补偿法。

世界上没有一样十全十美的产品，客户购买产品时，当然希望产品的优点愈多愈好，但并不是每个优点都同等重要，真正影响客户购买与否的关键点其实是有限的，推销员要向客户证明，自己的产品在这些关键点上是有竞争力的，是性价比最高的，这样客户就能欣然接受。

补偿法的运用范围非常广泛，效果也很实际。例如艾维士有一句有名的广告"我们是第二位的，因此我们更努力！"这就是一种补偿法。又如推销员在推销汽车时，如果客户嫌车身过短，推销员可以告诉客户："车身短能让您停车非常方便，若是大面积的停车位，可同时停两辆。"这样的说法能将客户眼中的产品缺点转化成优点，也是补偿法的一种表现。

◆ 将异议转化为购买的理由

【范例】

经销店老板："贵公司把太多的钱花在作广告上，为什么不把钱省下来作为进货的折扣，让我们的利润能多一些？"

推销员："就是因为我们投入大量的广告费用，客户才会被吸引上门购买我们的产品，这样不但能节省你销售的时间，还能同时带动店里其他产品的销售，所以你的总利润应该是增大了吧！"

当客户提出某些产品异议时，推销员可以引导客户转换思路，将客户的反对意见直接转换成为什么他必须购买的理由。

要做到这一点看似困难，但事实上我们在日常生活上也经常碰到类似的说辞。例如主管劝酒时，你说不会喝，主管立刻回答说："就是因为不会喝，才要多喝多练习。"又如你想邀请女朋友出去玩，女朋友说心情不好，不想出去，你会说："就是心情不好，所以才需要出去散散心！"这些异议处理的方式，都可以运用在客户异议的处理中：

• 保险业

客户："我收入少，没有钱买保险。"

推销员："正是因为收入少，才更需要购买保险，以获得保障。"

• 装修业

客户："我家房子的格局有问题，怎么装修都不好看。"

推销员："正是因为房屋格局欠佳，才需要通过装修来改善。"

• 儿童图书

客户："我的孩子对学校的课本都没兴趣，怎么可能会看课外读本？"

推销员："我们这套读本就是为激发小朋友的学习兴趣而特别编写的。"

能转化为购买理由的异议多半是客户并不十分坚持的异议，特别是客户的一些借口。借由这种异议处理的方法，推销员能有机会陈述他的产品带给客户的利益，以引起客户的注意。

◆ 欲进先退

【范例】

客户："产品金额太大了，不是我能马上支付的。"

推销员："是的，对于这样一笔钱，我想大多数人都是很难立刻支付的。如果我们能配合您的收入状况采取分期付款的方式，从每个月的收入中固定支出一部分，在您发年终奖金时多支出一些，您看是不是压力就小了很多？"

人们都有一种共同的心理，当自己的意见被别人直接反驳时，不管对方说的有没有道理，内心总是不愉快的，甚至会被激怒。推销员在与客户交谈的过程中，如果屡次正面反驳客户，即使推销员说得都对，也没有恶意，还是会引起客户的反感。因此，对于客户提出的异议，推销员最好不要开门见山地直接提出反对的意见。推销员在表达不同意见时，应尽量利用"是的……如果"之类的句法，用"是的"同意客户部分的意见，用"如果"表达用另一种角度看待问题是否更换，这样可以让自己的意见听起来更委婉，更容易被客户接受。这是一种以退为进，反守为攻的处理异议方法。

请比较下面的两种说法带给人的不同感受：

A：“您根本没了解我的意见，因为状况是这样的……"

B："平心而论，在一般的状况下，您说的都非常正确，但是如果状况变成这样，您看我们是不是应该……"

A："您的想法不正确，因为……"

B："您有这样的想法，一点也没错，当我第一次听到时，我的想法和您完全一样，可是如果我们做进一步的了解后……"

同样是表达不同意见，B 的说法显然更有效，更容易被对方接受。学会用 B 的方式表达你不同的意见，你将受益无穷。

◆ 适当地反驳

【范例】

客户："这栋房屋的公摊面积的比率比别的大厦要高出不少。"

推销员："您大概有所误解，我们这次推出的华厦，公摊面积占房屋总面积的 18.2%，而一般大厦公摊面积占比平均值达 19%，我们要比平均值少 0.8%。"

客户："听说你们公司的售后服务总是姗姗来迟！"

推销员："您了解的一定是个别情况。发生这种情况，我们感到非常遗憾。我们公司的经营理念就是服务第一，公司在全国各地都设有电话服务中心，随时联络在外服务的技术人员，希望能以最快的速度为客户解决问题，以实现电话报修后 2 小时内一定到现场修复的承诺。"

推销员一般不应直接反驳客户的话，要尽力避免与客户争辩，以免使双方的谈话陷入僵局，导致交易失败。但是，在某些情况下，你需要适当地反驳对方的话，以纠正对方的错误观点，例如：

- 客户对公司的信誉和资质有所怀疑时；
- 客户引用的资料不正确时。

出现上面两种状况时，你必须明确做出反驳，因为客户若对你公司的信誉和资质有所怀疑时，你拿到订单的机会几乎可以说是零。例如客户如果怀疑一家保险公司的理赔诚信，还会去向这家公司投保吗？如果客户引用的资料不正确，而你能以正确的资料佐证你的说法，客户会很容易接受，而且会对你更信任。

推销员在反驳客户时，在说话态度和遣词用语方面要特别留意，态度要诚恳，言辞要委婉，切勿伤害了客户的自尊心，要在不引起客户不满的前提下，让客户感受到你的专业与敬业。

◆用询问获得真实反馈

【范例】

客户："我希望你价格再降10%！"

推销员："先生，我相信你一定希望我们给你百分之百的服务，难道你希望我们的服务也打折吗？"

客户："我希望你能提供更多的颜色让顾客选择。"

推销员："我们已选择了五种顾客最喜爱的颜色，难道您希望有更多颜色的产品，增加您库存的负担吗？"

通过询问，推销员可以把握客户真正的异议点。如果在没有确认客户真正的异议点前，如果直接回应客户提出的异议，往往会引出更多的异议，让推销员"自困愁城"。

客户："这台复印机的功能，好像比别家要稍差。"

推销员："这台复印机是我们最新推出的产品，它具有放大缩小的功能、纸张尺寸从B5到A3；有三个按键用来调整墨色浓淡；每分钟能印20张，复印品质非常高……"

客户：“每分钟 20 张实在不快，别家复印速度每分钟可达 25 张，有六个按键能调整浓淡，操作起来好像也没有那么困难，副本品质比你的要高多了……”

这个例子告诉我们，推销员若是能稍加留意，不要急着去处理客户异议，而是提出进一步的询问，例如："请问您觉得哪个功能比别家的复印机要差？"客户的回答也许只是他曾经了解到××牌的复印机具有六个按键来调整复印的浓淡度，因而觉得你的复印机的功能好像较差。经过这样的询问，推销员就会发现自己所需要处理的异议仅是一项，可以很容易地处理，例如："贵公司的复印机并不是由专人操作，任何员工都会去复印，因此调整浓淡的按键过多，员工反而会不知如何选择，常常造成误印；本公司的复印浓度调整按键设计有三个，一个适合一般的原稿，一个专印颜色较淡的原稿，另一个复印颜色较深的原稿，足以满足您的需要，而且使用起来方便快捷。"经由这样地说明，客户的异议便可得到化解。

推销员在面对客户异议的时候，要多问几个"为什么"，以便了解客户的真实想法，有的放矢地解决客户异议。当你问"为什么"的时候，就是在引导客户做出以下两个反应：

- 回答自己提出反对意见的理由，说出自己内心的想法；
- 再次检视他提出的反对意见是否成立。

通过询问，推销员能了解客户真实的反对原因，也能有较多的时间思考如何处理客户的反对意见。

以上介绍了六种处理客户异议的方法，在实践中，推销员可根据具体情况进行选择，巧妙应用。下面将每种方法的主要适用情形归纳如下：

（1）客户异议无足轻重，与交易没有直接关系推销员不必过分重视，可以在简单附和后转换话题；

（2）补偿法适用于客户对产品的优缺点进行权衡时，推销员需要让客户认识到产品的优点对客户更重要，而产品可能存在的不足相对次要，重要的优点可以弥补次要的弱点。

（3）在将异议转化为购买理由时，推销员先要详加考虑，因为用这种"以子之矛，攻子之盾"的手段，并不是所有客户都能接受，也不是所有客户异议都适用此法。但在特定的场合，若是使用得当，往往能产生奇效；

（4）以退为进法运用的前提是客户的异议是客观存在的，若只是借口和托词，则不能运用；

（5）适当反驳法适用于客户对推销员所属公司发生重大误解或引用资料有误时，推销员在使用此法时要注意态度诚恳，语气委婉；

（6）询问法适用于客户提出的异议含糊不清时，推销员可借此法确定客户的真正异议点。

理解客户异议背后的真实意图

推销员："这台29寸的数码电视机，最能满足您视觉的享受，画面大又清晰，具立体声的效果，附有卡拉OK的装备，买下它能增加你生活的快乐。"

客户A："这的确是非常的不错，只可惜我不唱卡拉OK。"

客户B："你说画面清晰，但我觉得没有我们公司那台29寸的看起来清楚，颜色也比你的自然。"

客户C："29寸看起来也没有多大嘛，跟电影银幕比起来还差得远，我宁可看电影。"

客户D："这台电视机的确不错，但价格实在太贵。"

客户E："这台电视的确不错，等我搬了新家再买！"

上面A、B、C、D、E五位客户提出的异议都不一样，可是结果是一样的：他们都没有买下这台29寸的电视机的意向。他们提出的理由有的是真的，有的恐怕是一种借口，需要推销员认真分析，细加甄别。

我们先想一下，当你决定购买一件商品时，原因可能是"因为价格实在划算！""因为很独特，很稀少！""朋友们都说不错！""适合自己的身份"……但你若再进一步想想，你会发现不管你认为的购买原因是什么，决定你的购买行为的根本因素,还是你喜欢该产品,有购买的需求。那么,为什么你讲出的购买的理由却是其他呢?

这是因为一旦人们觉得有必要、有需要、想购买的时候,他们会找出许多理由支持他的购买动机,有经验的推销员也会顺势找出支持客户购买的理由,并证明客户的决定是对的。

同样,当客户不购买的时候,也往往不会把真正的原因说出,而会找一些其他的理由,做出以下反应:

1. 转移

有时客户虽然喜欢你的产品,但因为贵而无力购买时,他会隐藏自己的真实想法,而将注意力转移到其他问题上,例如:目前产品更新的速度非常快,将来一定有更好、更便宜的产品,到时候再买,才真正划算!此时他也许会告诉推销员说他目前没有需要或他不觉得该产品功能好,但事实上他是有需要的。

2. 反对

有些客户会对产品提出一些反对意见,给自己的不购买决定寻找理由。例如针对产品的颜色、外观、格调、品味等较主观、没有统一标准的问题上表达反对意见。

3. 补偿

补偿的心理就是一种自我安慰的心理,也就是所谓的"酸葡萄心理"。比如一个人如果买不起新车,他可能会告诉汽车推销员开新车太麻烦,万一有些磕碰才叫人心疼,不如旧车实惠,事实上他只是因为买不去新车而自我安慰。

4. 逆反

当推销员不断强调客户应该购买自己的产品时,客户心里会想:"要买什么东西我自己决定,你越是要我买,我偏不买。"此时客户也会随便找一些理由,拒绝购买。

采取上面四种反应的客户,都不会说出真正不购买的原因。推销员若能了解这些客户的心理反应，就能冷静地解读出客户的真实想法，而不会被客户误导到一些非真实的理由上，而把时间、精力枉费在不可能有结果的异议处理上。

客户不购买的理由虽然会因人、状况、产品而不同，但这些理由往往不是绝对的。推销员若能洞悉出客户真正的想法，能针对客户购买产品的"必要性"下功夫，激发客户的购买欲望，就能反败为胜，达成交易。

◆如何面对客户的"再考虑一下"

"让我再考虑一下，再给您答复！"这是推销员常常听到的话。最后，客户可能再也没有答复，也可能告诉推销员"抱歉！已选用别家了！"这些都是"让我再考虑一下"可能产生的结果。

我们简单回想一下，当客户告诉你"再考虑一下"时，你们是否已做了这样的互动：客户听了你的产品介绍，看了你的产品展示，评估了你产品的价值及价格条件，同时考虑了自己的购买能力，然后做出了"再考虑一下"的决定。

俗话说"趁热打铁"，当客户决定要"再考虑一下"，恐怕意味着你加的"热能"不够，或你"加热"的方法有问题，导致客户的购买欲望仍未能达到高点，客户心中恐怕仍有疑虑。因此，你不能轻易地告诉客户"那我静候您的佳音"然后告别客户，否则交易往往会功亏一篑。

当客户表示要"再考虑一下"时，你可以采取以下对策：

1. 礼貌地询问客户还要考虑什么

当客户不能立刻做出购买决定时，你必须很诚恳地询问客户，他是否还有什么担心或不满意的地方。

例如："王总经理，很抱歉，一定是我说明的方式不好，使得您还要再考虑，请告诉我您还要考虑的地方，我一定尽最大的努力，收集更详细的资料，供您参考。"

客户最后的考虑点，可能就是决定交易能否成功的关键点，因此，你一定要弄清楚。

2. 与客户共同解决问题点

探询出客户的问题点后,你要针对问题点与客户共同解决,只有解决了客户的问题,你才能拿到订单。

购买产品的最终决定权固然是掌握在客户手中,但是在一些成功的推销案例中,最后的购买决定几乎都是由客户与推销员共同做出的,特别是在推销员与客户面对面的沟通中决定的。因此,推销员要尽量避免把最后的决定交给客户独自完成,特别是你不清楚他还要考虑些什么的时候。

◆ 如何面对客户的"不需要"

相信每一个人都有过以"不需要"、"用不着"的说法来婉拒推销人员的经历,若推销员无法有效地排除这种客户异议,或是无法克服内心的受挫感,在推销的路上将寸步难行。

"很抱歉!我们目前不需要。"这是每位推销员都会碰到的异议。这个异议通常出现在两个阶段:

1. 接近客户阶段

在接近客户阶段,客户知道你的来意后,马上表明"不需要",但客户所说的"不需要"可能包含不同含义,你需要辨别:

• 客户预设心理防线

客户怕轻易地被你说服或若表现出有需求的样子,会让自己谈判的筹码降低,也可能是担心推销员的强迫推销。因此,不管是不是真的没有需求,反正先表明没有需求,再看推销员会有什么反应。

此时你要做的是想办法能继续交谈,以唤起客户的购买需求,你可用下列的方式:

例1:

"王先生,在我还没有给客户看过这份资料前,大多数的人都和您一样认为没有需求，能否容我向您简要地介绍一下关于……。"

使用该方法时你必须确认，你准备的这份资料能引起客户的关心及注意，能让客户与你展开交谈，而你在交谈过程中可以掌握客户的真实需求情况。

例2：

王先生："你来推销复印机啊！我们不需要。"

推销员："王先生，贵公司目前需要复印时是否都拿到外面去印？"

客户："隔壁就有复印店，叫员工去印方便得很，我们复印量少，不需要花一笔钱买复印机。"

推销员："的确很方便，但有些机密性的资料，总是不能让员工去外面复印。我想你也许不需要一下花那么多钱买一台复印机，但你可采用租用的方式，每个月只要付少许的租金，就像您每月付给复印店一样，却能更方便地满足你复印的需求……。"

本例是使用询问法，确认客户有复印的需求，进而提供给客户另一种方式，更好地满足这项需求。

总之，面对这类的客户，你必须要能巧妙地争取交谈的机会，唤起他的需求。

- 客户不想多谈

当客户另有重要的事情或心情不佳的状况下，不想与推销员多谈时，也有可能以"不需要"为借口，迅速终止谈话。此时你可主动地伺机告退，并表示："很抱歉，我们这次资料准备不够充分，下次再向您做详细报告！"然后另选时间再次拜访。

- 客户目前真的没有需要

当你经过多次询问，发现客户每次都以目前没有需求回应时，可能代表客户真的没有需求，这时你就该考虑转换推销目标了。

2. 面谈过程中

如果客户在面谈过程中才告诉你"不需要"，此时客户的真实心理有以下可能：

- 客户对你的产品觉得不符合他的需求。
- 客户对你本人不信赖。

客户在面谈过程中提出"不需要"时，这种"不需要"不是单纯的借口，一定有其特殊原因。因此，此时最佳的解决途径是找出客户拒绝你的真正原因，提出解决的对策，而不是找出客户说辞上的矛盾之处加以反驳。

你可用询问法坦诚地向客户请教真正的原因，针对原因再行处理。处理时要站在客户的立场考虑问题，提出客户能接受的方案，以争取最后的成交。

无论面对何种产品，如果人们没有需要，自然不会采取购买的行为，因此，处理"不需要"这个异议的方法必然是唤起客户的需求。在具体的推销实践中，推销员必须掌握唤起客户需求的技巧，不管客户口中的"不需要"是托词或是真的，重点是推销员必须要准备好一些说辞或方法，借以唤起客户需求。

◆如何面对客户的"没钱买"

许多客户喜欢以"没钱买"、"买不起"、"预算不足"等理由来拒绝推销，因为客户认为推销员很难反驳这些理由。正因为如此，你碰到这个异议时更不应该有受挫的感觉，你可大胆地运用一些异议处理的技巧突破这项异议，将你的推销活动进行下去。

用"没钱买"当作异议点的客户分两种，一种是真正的没钱，另一种是推托之辞。

若客户连续多次都以"没钱买"为理由而拒绝你的推销时，恐怕此时你必须另觅它法，因为客户可能是真的没有能力负担你提供给他的产品或服务。

若客户说的"没钱买"是推托之辞时，你可用下列方式巧妙应对：

例1：

"就是因为没钱，所以你更需要保险，万一发生不幸变故，有钱人是有能力应变的，没钱的人就必须要靠保险这种制度，帮助你渡过难关。"

"张老板，就是因为没钱，所以您更需要销售这项能帮你赚钱的产品。"

以上是将异议直接转化为购买理由的方法。

例2：

"您不用担心钱的问题，我们有各种付款的方式，配合您的经济状况，绝对让您付得非常轻松、没有压力，若是您选择了我们的产品，您将能得到这些利益……"

以上是用以退为进法处理"没钱买"的异议。

上面提出的例子，都是处理客户提出的"没钱买"这项异议时可考虑采用的方法，目的是缓和客户的拒绝心态，化解客户的这项异议，从而进行下一步的推销活动。如果推销员能使客户认同产品带给他的利益，"没钱买"这项异议自然不再成为托词或借口。

有时客户会表示你的产品超出了他的预算，但如果你推销的产品确实让客户感到"物超所值"，确实能解决客户的问题，预算就未必是最重要的因素。因此，推销员不要一下就被"没钱买"、"买不起"、"没预算"的说辞击退，要认真分析客户的真实心理，让客户了解你带给他的价值，找出客户能负担的底线，再决定你的推销方法。

◆ 客户抱怨中隐藏着需求

推销员在推销过程中可能遇到这样的情形：客户以前使用过公司的产品，但该产品带给客户非常不好的印象。当客户抱怨公司的产品时，推销员必须谨慎应对，才能化危机为转机。

当客户提出抱怨时，千万不要以"不清楚""不太可能吧""别的客户都没有这种情形""我们公司保证不会发生这种事情"等消极否认的态度回应。推销员要坦诚地面对客户的抱怨，并接受客户的抱怨，站在客户的立场上，理解客户的不满情绪。

能向推销员抱怨的客户，多半对公司仍抱有期望，否则他根本不需要花时间听你说明产品的状况，并向你抱怨以前的不满。因此只要你能善加处理，再取得订单也非难事。

为了化解客户的心结，你一定要搞清楚引起客户抱怨的真正原因，在推销过程中反复强调这些问题都能妥善解决，一定要让客户安心，你也要特别留意不要再给客户带来同样的困扰。

从另一个观点来看，找出客户抱怨真正的原因能明确你的推销方向，对你的推销也有很大的帮助。在寻找原因时，你可以用询问法问客户是对产品不满还是对服务不满。如果客户告诉你是对服务不满，你可得到一个信息，那就是客户对你的产品还是满意的，接下来，你在推销过程中就可以着重强调本公司提供的各种优良服务，打消客户的不满和疑虑。

你可交互使用开放式及选择式的询问法，找出客户不满的原因，并加以妥善的处理，例如：

推销员："王经理，你能否告诉我，是什么原因让你对我们公司那么不满意？"（开放式询问）

王经理："你们的服务太差！"

推销员："是服务太慢呢？还是服务人员态度不好？"（选择式询问）

王经理："服务太慢了，全公司都在等你们的维修员把机器修好！"

推销员："王经理，真抱歉！真的很抱歉！那段时间，由于公司服务人员对薪水不满而有大批人员离职，造成临时性服务人员不足，其他的公司也对我们提出严重的抗议，我们都不敢开发新的客户了，真是很抱歉！经过这次教训，敝公司在服务人力方面已经彻底地改善了，若是不能改善，我也不敢向客户推荐产品呀！"

有抱怨的客户才是真正有需求的客户，面对这些客户，只要你能耐心地化解他的抱怨，他就能成为你最忠诚的客户。

第五章
推销高手不怕拒绝

推销业界流行一句话，那就是"推销从被拒绝的时候开始"。推销员到一家新客户那里访问，如果遭到拒绝，千万不能泄气，必须安排一个时间再访问。要想拿到对方的订单，必须不断地努力，单凭一次访问往往是难以奏效的。

如何进行回访

当你被客户拒绝了一次后，无论如何都不能灰心丧气，至少要回访一次，因为他依然可能成为你的客户。在进行回访时，你可以采用以下方法：

◆巧用问候函

给客户寄一张贺卡，发一封问候的邮件或一条短信，这些都是推销员"打开局面"，与客户建立联系的手段。即使是对你粗暴拒绝的客户，你也要经常问候，因为这一份温暖的心意可能会打动他，缓和他对你的态度。对于很久没有联络的客户，如果你希望与他们恢复联系，就赶快致以问候吧！诚挚的问候最能拉近人与人之间的距离。

推销员在撰写问候客户的话语时，千万不能从别处照搬一些陈词滥调，因为这样的问候是没有诚意的，不会对客户起到任何作用，甚至可能导致客户对你产生反感。推销员要坦诚地和客户沟通，诚心诚意地表示自己希望有机会能为客户服务，语言要简洁而有礼貌，不要生硬地堆砌一些华丽辞藻。

有些推销员常常说："我明天一定给客户写一封邮件！最近一定找时间打电话！"但他们总是因为各种理由犹豫、拖延，最后不了了之，与客户建立联系变得越来越困难。要想成为一名推销高手，必须有想到就做的精神，要把问候客户当成一项日常工作、当成自己的习惯，持之以恒，这才是专业推销员的风范。

◆直接进行二次拜访

寄送问候函和电话访问毕竟只是间接的接触，直接前去拜访能让推销员更有效地与客户交流。

"上次去拜访客户被拒绝了，现在再去直接拜访，确实怪不好意思的。"推销员千万不能有这种念头，要鼓起勇气再次拜访客户，因为面对面的商谈才是最有效的。

在与客户见面时，温馨的问候和恭敬的用语是很重要的，精美的小礼物也是必不可少的，推销员要事先了解客户的喜好，精心挑选礼物。

对客户保持一份善意的关怀，可以使双方沟通更为顺畅。推销员在对客户进行二次拜访时，要注意察言观色，适时告辞，切忌死赖着不走。如果对方留你，当然可以多待一会儿。当客户谈得兴致正高时，不仅要倾听，更要表示自己颇有同感，以使双方产生共鸣。推销员不仅要对客户的话表示赞同，还可以积极而适时地提出一些问题，这样可以使双方交流更深入，效果更好。在客户说话的过程中，要避免打断客户的话或与其争辩。

如果推销员二次拜访仍然遭到客户拒绝，就要恭敬地告辞离去，千万不能做出什么过激的反应。推销员如果礼貌地告辞，有的时候客户反而会觉得不好意思，甚至可能和推销员约定下次见面的时间。

推销员前去拜访客户时，如果客户不在或正在忙碌，别忘了留下名片，或请其他人转达来意。

◆请上司一同回访

推销员在对客户进行回访时，如果对方的反应冷淡，不妨在隔几天之后请上司一同前往，这样能使客户感到自己备受重视，使其自尊心得到满足，成交可能性自然大多了。特别是对于态度傲慢的客户，这一招很有效果。

推销员在与上司一同拜访客户时，不妨学学上司应对客户的方式，也可以趁此机会见到平常不易碰面的客户负责人。

◆ 找到客户需求点

推销员头一回到客户那里访问并不难，但是再次去访问就不那么简单了。为什么这么说呢？这并不是说第一回访问很容易，而是说到一个从来没去过的公司访问或推销产品固然很伤脑筋，但是一旦被对方拒绝后再去访问则需要更大的勇气和技巧。

推销员到客户那里访问被拒绝是常有的事，为了能拿到一份合约多跑几次也是理所当然的。第一次被拒绝，这家客户也不一定就认为你不会再来，如果你踌躇不敢再去，那就谈不上是一位合格的推销员。问题不是要不要再去拜访客户，而是如何才能在第二次访问后取得交易的成功。

面对仅打过一次交道、见过一次面、相互不太熟悉而且又让自己吃了闭门羹的客户，怎样才能打破僵局而取得成功呢？这就是回访的重点所在。

推销员要使交易成功，就要让对方喜欢你，这是达成交易的关键。在你公司的产品品质、价格及其他条件与别的公司差不多的情况下，如果你特别受到对方的喜欢，他就会购买你的产品。

推销员要想赢得客户喜欢并不容易，访问一次、两次一般来讲达不到目的，只有常来常往才会使对方逐渐地对你发生兴趣，进而信赖你、喜欢你。如果推销员不动脑筋，只是随便地应对客户，就是花上几年时间也不会取得效果，对方最多也只能以平平淡淡的态度来应付你。

那么让客户喜欢你的秘诀是什么呢？

答案是首先要喜欢对方，因为只想让对方喜欢你是自私的想法，也是一厢情愿的事。

任何人都有长处和短处，客户也是一样。如果你心眼里老想着对方的短处，即使表面上加以掩饰，但它总会不知不觉地流露出来，这样一来就会给对方一种不好的印象，对方就不会对你产生好感，更谈不上喜欢你了。

相反，如果你心里觉得对方什么都好，那么你的这种心理就会不自觉地表现出来，而且表现得很自然，使对方感到很舒服，这样一来，对方对你也就会怀有好感了。

有鉴于此，请你把对客户的坏印象统统抛到九霄云外。当你心里涌出想指责对方的念头时，要有意识地去想想对方的优点，这样一来，那种想指责对方的念头马上就会消失，你也会心平气和起来。

要尽量赞赏对方的长处，只要你的赞赏符合事实，而且态度诚恳，对方听到你的话之后心里一定很高兴，这样一来相互之间的感情就立刻融洽起来，接下来的事情就好办多了。

只有你先喜欢对方，对方才会喜欢你，这是每个推销员必须牢记的道理。

◆怎样应对久攻不下的客户

推销员在对客户进行多次访问后可能面临两种情况：一是交易成功；二是虽有希望，但总是欠缺"临门一脚"。如果你费了九牛二虎之力还是无法与客户成交，这时该怎么办呢？

在这种情况下不要轻易地自作主张，必须报告你的上司，大家一起研究对策。

在讨论会上，推销员要把有关情况如实地报告，并充分且直率地提出自己的意见。如果推销员报告的情况不够详细准确，往往会导致上司的判断错误，反而误了大事。

经过讨论之后，上司可能会做出如下决策：

（1）断定对方不可能订货（中止访问）。

（2）给对方优惠条件（降价等），继续进行交涉。

（3）上司给予帮助（一起去访问）。

（4）像往常一样继续访问，以待时机。

上述对策一旦确定下来之后，推销员就要不折不扣地去执行。

有时推销员尽管尽了最大的努力，但仍然摆脱不了希望落空的厄运。这是经常有的事。

推销员费了九牛二虎之力却没有拿到一份订单的时候，情绪一定很低落。如果你在对方面前表现出一副失魂落魄的样子，会非常不利于下次再拜访。不要幻想对方会因此同情你，事实是对方可能因此轻视你，不想再接待你了。所以即使交易不成，心情沮丧，也要表现出开朗自若的样子，千万不要哭丧着脸。

俗话说"买卖不成仁义在"，即使客户不愿与你交易，你也千万不能翻脸，应保持一贯的和蔼可亲的表情，在告别时恭敬地说"在您百忙之中打扰您，真不好意思"、"下次还请您多关照"之类的话，和对方握手道别。离开接待室的路上遇见其他员工时，也要一边点头告别，一边说"打扰了"、"再见"等礼貌用语。

建议书是推销利器

建议书是推销员的重要工具之一，它能代表推销员同时对不同对象进行推销，突破了时间与空间的限制；它是推销过程的全面汇总，也是客户取舍评断的依据。特别是在推销员再次拜访客户时，建议书能发挥巨大的作用，是推销员不可多得的好帮手。

◆写建议书前的准备资料

撰写建议书前，先要准备好撰写建议书的资料。这些资料是推销员从推销开始之前就应留意的。建议书的资料来自于询问调查、展示说明等各个环节，推销员对客户的了解程度是决定建议书成败的主要因素。

推销员在撰写建议书前应收集的资料包括：

1. 客户的现状

例如保险推销员要知道客户的下列情况：

- 目前参加了那些保险
- 年龄
- 家庭人口数
- 子女的年龄
- 职业状况
- 收入状况
- 身体状况

2. 客户的问题和需求

推销员在进行推销之前，要找出客户对现状感到不满的地方以及改善的需求。若你的推销对象是公司，可以收集该公司与你的业务相关的人员对现状的意见。

知道了客户对现状的不满之处和改善的需求，你就能找到推销的正确方向。

3. 竞争者的状况

你要努力掌握竞争者的状况，包括其产品的优缺点，以及提供给客户的各项交易条件等。获得了竞争者的情报，你在做建议书时就能制订出针对竞争者的推销对策，凸显自己的优点，协助客户做正确的选择。

4. 客户公司的采购程序

你要了解客户公司的采购程序，才能知道建议书的传达对象，同时掌握客户公司编列预算的时间，在此之前提交建议书，以获得预算的计划。

5. 客户的购买习惯

不同的客户有不同的购买习惯。有些客户做购买决定时，习惯收集很详细的资料，事无巨细；有些客户习惯于收集重点资料，而且要求推销员到场对建议书进行口头说明。事先了解客户的购买习惯，你才能做出合乎客户需求的建议书。

◆撰写建议书的技巧与方法

建议书的撰写技巧能帮助你达成建议书的目的。建议书是一个沟通的帮手，它的最终目的是达成交易。

如何能让客户看了你的建议书后心动呢？你需要满足两个条件：

1. 让客户感受到自己的需求能被满足，问题能得到解决

客户花钱购买产品或服务时，一定是想要解决问题或改善现状。当客户抱着这种心态进行选购时，如果你能及时地提供给客户一套行之有效的建议方案，无异于帮了客户的大忙。

2. 和承办人、承办单位主管、使用人、预算控制部门、决策者做有效沟通

以上五类人是决定你能否取得订单的关键人物，也是你在撰写建议书时需要着重考虑的对象，要在建议书中和这些对象做有效地沟通：

• 承办人

承办人是代表公司和你沟通的第一线人员，他扮演的角色往往是替你向公司的上级人员解释说明产品的特性、效用、能带来哪些好处、能提高多少效率等。因此，以承办人的立场，对产品的各种细节都希望能获得充分的信息。所以，你在撰写建议书时，内容一定要严谨，要注意细节，不得有破绽。可以用附件的方式对产品进行补充说明，务必要让承办人能回答上级可能提出的任何问题。

• 承办单位主管

承办单位的主管多半对琐碎的细节无暇过目，并且以主管的立场而言，他对结果较注意，至于产品细节，他可能会授权给承办人员去审核。因此，建议书中的"主旨"、"目的"、"结论"是承办单位主管关心的重点，你在撰写建议书中的上述部分时，要能满足承办单位主管的需求。

• 使用人

对产品使用人而言，建议书撰写的重点是针对使用人提出的现存问题及希望改善的地方，详细地说明采用新的产品后能解决他们的哪些问题，能为他们带来哪些改善。

• 预算控制部门

预算控制部门人员关心的重点是产品的费用是否合乎预算。因此，关于费用部分，你在撰写建议书时，务必清楚明确地交待各项费用状况，并以清楚的报表汇总各项目，让他们能一目了然。

• 决策者

决策者关心的重点有两项，一是效用，二是优先顺序。

决策者位处公司的高层，他最关心的问题是你的产品对公司的运营有哪些帮助。如果你的产品对提高公司效益很有帮助，决策者就会认同这种效用。

另外，优先顺序也是决策者考虑的重点，因为决策者是从公司全盘角度思考事情，他面对的往往不是单一事件的决策。因此，他会权衡公司中的不同事项，进而制定出执行上的优先顺序。若推销员疏忽了这方面的考虑，其交易可能被决策者判定暂缓而陷入停滞。

若一份建议书能充分满足上面的两个条件，相信它一定具有很强的说服力，能在推销过程中发挥重要的作用。

◆ 建议书的内容

一份完整的建议书，包括封面及标题、感谢辞、目录、主旨、现状分析及问题点、建议改善对策、比较使用前后的差异、成本效益分析、结论、附件资料这十个项目：

1. 封面和标题

谨呈××公司总务部陈经理

××公司导人自动化
建议案

提案人：××企业推销员　陈长江

日期：2006年7月28日

注意：

- 标题可从客户公司的政策及策略入手进行拟订，如提高效率、鼓舞士气、增加员工福利等，这样能让客户觉得你的建议书对执行企业的政策、策略有帮助。
- 封面应选用较好的材料，可依提案的产品性质做出适当的选择。
- 封面设计要美观大方。
- 封面要标明主题、提案人、日期。
- 可依建议书的厚薄，选择不同的装订方式。

2. 感谢辞

　　感谢××公司提供本公司一个宝贵的机会，同时感谢贵公司相关部门人员的协助，使本公司能圆满完成对贵公司的建议案。

注意：

• 要感谢客户给你提供了机会，让你能开展推销活动。

• 要感谢相关人员给你的帮助，同时以此表明你为了给客户提供最好的建议书，投入了相当的时间与精力。

• 感谢辞不宜过长，感谢时最好以公司及部门为对象，尽量不要讲出个别感谢的对象。

3. 目录

1. 主旨 ……………………………	P1
2. 现状分析及问题点 ……………	P3
3. 建议改善对策 …………………	P6
4. 使用前改善对策 ………………	P9
5. 效益分析 ………………………	P12
6. 结论 ……………………………	P15
7. 附件资料 ………………………	P18

注意：

• 编排目录时可以简明扼要，只列出各项标题，如上图所示。但在撰写具体内容时，应给出更详细的信息。例如撰写"现状分析"部分时，可加上"贵公司使用××型电脑现状分析"；撰写"效益分析"部分时，可加上"使用××型电脑带给贵公司的效益"，使建议书的内容更充实，更有说服力。

4. 主旨

一、主旨
　　配合贵公司自动化生产策略，导入××型装配线自动化设备，提高产量，并解决贵公司工作人手不足的难题。

注意：

• 主旨应从客户公司想要达成的目标着手进行拟订，要指出采用本公司产品后能获得的收益。

- 主旨要简明扼要，突出重点。

5. 现状及主要问题分析

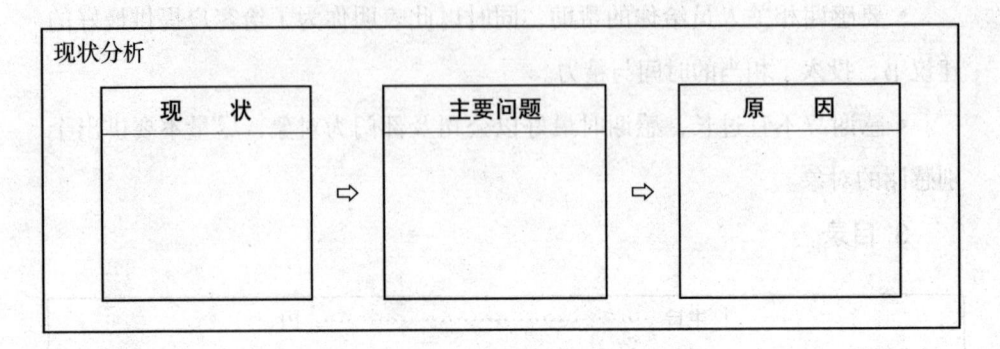

现状分析		
现　状	主要问题	原　因
⇨	⇨	

注意：

- 要分析现状中存在的主要问题及产生的原因。

- 分析问题要依据自己调查的资料，必要时应事先获得客户公司相关人员的确认。

- 提出的问题必须是客户关心的、有兴趣的。

- 对问题原因的分析要得到客户的认同。

6. 建议改善对策

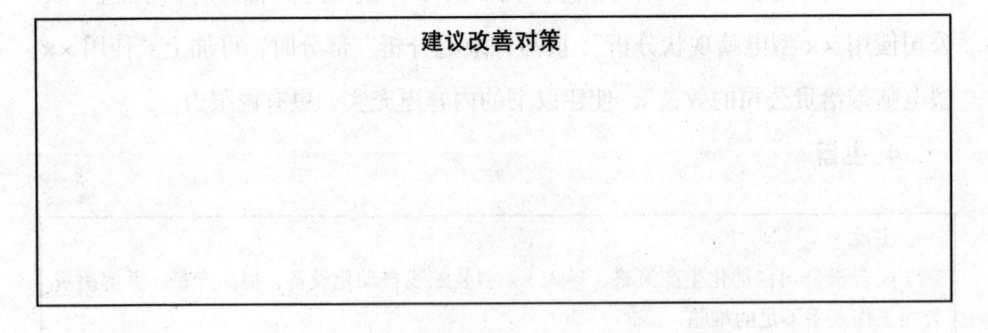

建议改善对策

注意：

- 要针对问题产生的原因进行改善。

- 要能清楚地让客户理解你的对策。

- 要用具体的资料证明你的对策是可行的。

7. 比较使用前后的差异

使用前	使用后	差　异

注意：

• 比较时要提出具体的数据，如目前每日产出 1000 单位，使用新设备后每日产出 1500 单位。

• 对购买决定有影响的产品的优缺点都要进行比较，以便让客户能客观地判断产品的价值。

• 简要给出比较结论，对于得出该结论的理由可以在附件中详细说明。

8. 成本效益分析

注意：

• 成本计算要正确合理。

• 效益包括有形的效益及无形的效益，有形的效益最好能量化。

• 提出的效益必须是客户能认同的。

9. 结论

注意：

• 要总结产品提供给客户的利益。

• 要总结客户购买产品的理由，并请求对方成交。

10. 附件资料

注意：

• 附件资料要容易查询。

• 附件资料要有标题。

- 附件资料要有页码。

◆ **撰写建议书的范例**

建议书是推销员不可缺少的推销利器，一封建议书的逻辑架构及表达陈述的方式，能体现出一名推销员的专业度和销售力。好的建议书能让客户感受到你的专业，从而更能认同你的建议，因此，写好建议书是推销员必须掌握的技能。

在撰写建议书时，推销员应随时提醒自己：

- 客户为什么要接受我的建议书？
- 还有哪些推销要点能帮助客户迅速做出正确的决定？

只有在以上两个问题上下足功夫，做足文章，你所撰写的建议书才能起到预期的效果。

下面，我们来学习一则建议书的范例。

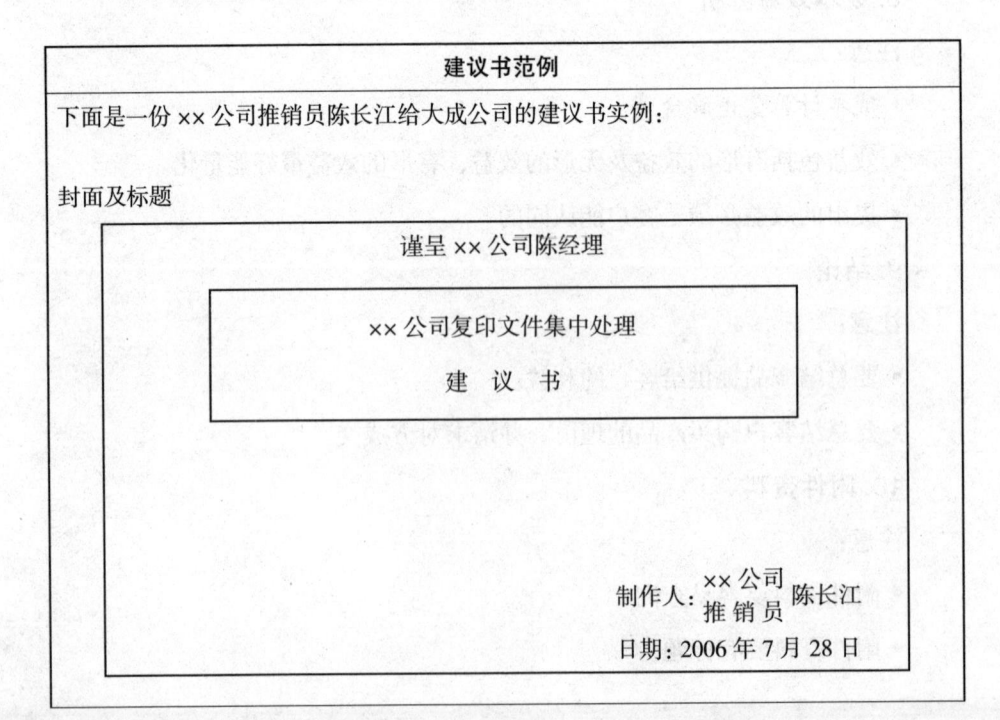

建议书范例
下面是一份××公司推销员陈长江给大成公司的建议书实例： 封面及标题 　　　　　　　谨呈××公司陈经理 　　　　　　××公司复印文件集中处理 　　　　　　　　　建　议　书   　　　　　　　　　　　　　制作人：××公司推销员　陈长江 　　　　　　　　　　　　　日期：2006年7月28日

续表

建议书范例

内页问候

> 感谢贵公司提供我们服务的机会，同时感谢贵公司业务部、财务部相关同仁的协助，使我们能充分掌握贵公司的复印现状，以完成这份建议书。

目　录

————内　容————

一、主旨

二、贵公司目前复印现状及问题点

三、改善对策建议

四、成本分析

五、效益分析

六、结论

七、附件资料

- ××型多功能超速复印机规格
- ××型多功能超速复印机本体及耗材报价表
- 各部门复印需求调查
- 各部门复印等待时间调查

一、主旨

- 通过复印作业的集中处理，改进复印效率。
- 追加××型多功能超速复印机，节省员工等待时间，并降低复印耗材费用。
- 强化复印机组合功能，对应逐日成长的复印需求。

续表

建议书范例
二、贵公司目前复印现状及问题点 　　1. 各单位复印用量不同，业务单位用量高，机器经常发生故障 　　　　　贵公司目前每日复印量约 55000 张，业务部、财务部，各拥有一台 ×× 型复印机，但业务部每月印量为 35000 张，机器无法负荷，经常出故障，造成业务单位相当大的困扰。 　　2. 复印速度过慢，增加复印等待时间 　　　　　目前 ×× 型复印机，每分钟连续复印 15 张，复印第一份副本要 20 秒，根据调查，每月平均复印时间约 90 小时，复印高峰时间平均每人每天要等 10~15 分钟。 　　3. 业务部经常举办说明会，分页、装订费时 　　　　　推销员经常向客户简报说明，副本的分页、装订耗费时间。 　　4. 复印量高，机器维护耗时 　　　　　由于对复印质量要求较高，目前的 ×× 型复印机，平均每星期要更换 3 次墨粉、经常更换纸张，管理维护麻烦。 三、改善对策建议 　　要解决贵公司目前复印作业的困扰，应朝下列方向改善。 　　1. 集中使用复印机，以达到有效及平均负荷，减低机器的故障率。 　　2. 至少使用一台高速度的复印机，以提高复印效率，降低复印等待时间。 　　3. 使用具有自动分页及装订功能的复印机，以提高业务部门的效率。 　　4. 能负荷每月 55000 张复印量的机器。建议贵公司将目前复印机集中使用，并追加本公司 ×× 型多功能高速复印机。 　　建议集中使用并追加 ×× 型高速复印机理由如下： 　　　　1. 高速复印 　　　　　×× 型复印机每小时可复印 3000 张，每分钟能印 50 张，能提高 3.3 倍的效率，可迅速满足一份原稿多张复印的需求。 　　　　2. 集中复印，增加效率集中复印、集中管理，能将等待的时间由目前 10~15 分钟，降至 1~5 分钟，同时依复印需要而能设定使用不同的机型，能延长机器的寿命。

续表

建议书范例
3. 分页、装订一次完成 　　当你需要多张多份副本时，××型高速复印机能一次完成，大量地节省时间，而能有效地提高折旧的效率。 4. 纸盘容量大，不需经常换纸 　　××型多功能高速复印机，一次可放置3000张复印纸张，不需经常加添纸张，大量地减少了管理上的心力。 5. 耗材费用降低 　　××型多功能高速复印机的耗材费用仅为目前复印机的1/2。

四、成本分析

	目前每月复印费用	追加××型多功能高速复印机
折旧	4500元	13000元
利息	2500元	6000元
墨粉	22000元	16000元
圆鼓	11000元	8000元
纸张	11000元	11000元
	51000元	54000元
备注	1. 目前每张副本黑粉每张0.4元，××型每张成本0.2元。 2. 目前每张副本圆鼓费用0.2元，伟矩型每张成本0.1元。 3. 集中处理后，假设××型多功能高速复印机每月复印30000张。	

　　贵公司若能将复印机集中使用，并依复印量需求追加一台××型多功能高速复印机，就能解决贵公司目前复印文件上的问题，能立即提高贵公司员工的工作效率。

续表

建议书范例	
五、效益分析		

现　状		追加××型多功能高速 复印机集中复印的效益
1. 复印机负荷量不够经常发生故障。 2. 每分钟复印 15 张。 3. 每月复印时间 90 小时，等待时间平均每人每天 10～15 分钟。 4. 工作同仁自己分页、装订。 5. 每星期更换三次黑粉，管理麻烦。 6. 经常添换纸张。 7. 每月复印费用 51000 元。	⇨	1. 依复印需求选择使用不同机型，降低故障，增加复印机的寿命。 2. 每分钟复印 50 张，效率提高 3.3 倍。 3. 每月复印时间 25 小时，等待时间平均每人 每天 1～5 分钟。 4. 机器分页、装订一次完成。 5. 每月更换三次黑粉，省时省力。 6. 纸匣一次可装 3000 张。 7. 每月复印费用 54000 元。

建议	集中复印每月仅增加 3000 元的复印费用，而能达到全面提高公司员工的作业效率。

六、结论

贵公司业务量逐年迅速成长，复印需求也大幅成长，为提高复印效率，引进××型多功能高速复印机，集中复印作业，是最好的决定，它能让你立刻实现：

- 每分钟 50 张的复印速度
- 分页装订一次完成
- 从此不需把时间浪费在等待复印上
- 大量简化复印机的管理工作

虽然目前每月需多支付 3000 元的复印成本，但由于××型多功能高速复印机的耗材费用相对低廉，复印量愈增加，将愈能节省复印费用，谨请贵公司考虑最适合贵公司业务需求的"复印机文件集中处理建议案"。

第六章
怎样达成交易

美国军事将领麦克阿瑟说："战争的目的在于赢得胜利。"同理，推销的目的就在于赢得交易的成功。成交是推销的终极目标，如果不能达成这个目标，推销过程中的一切努力都会功亏一篑，就像田径比赛中的选手，无论他在整个赛程中如何一路领先，但到达终点之前若不慎失足跌倒，则必前功尽弃。因此，推销员与客户之间实现成交是推销过程中最重要的环节，同时也是最令推销员头痛的环节。

在推销过程中，当推销员经过一系列努力，终于激起了客户的购买兴趣与购买欲望，并解决了客户异议，排除了推销障碍，似乎此时客户做出成交决定已是理所当然的事了，但实际上，在客户的"心动"与"行动"之间常常是有一些距离的，即使是具有强烈购买欲望的客户，也会处于两种矛盾心理激烈斗争的焦点之上：其一是购买之后的好处，其二是购买的代价。这种心动与担心相对峙的状况，势必造成客户的犹豫，这时推销员必须采取积极有效的措施，推动、敦促客户做出成交的抉择，把好最后的一道关口。否则，一个疏忽就会造成功亏一篑的局面，导致整个推销活动的失败。

有些推销员在各方面能力都很强，唯独不知如何开口要求客户签单。很多人拿不到订单是因为他们不知道如何开口要求，或者没有勇气这么做：只要推销员不开口要求签单，生意就永远也做不成。

有些推销员请客户订货时显得很犹豫，有些人则根本是害怕开口。他们心里希望或祈求客户会主动说："好吧，我要买你的产品，开单吧！"他们知道自己已经传达了与产品相关的所有信息，也克服了客户的抗拒心理，唤起了客户的购买欲，所以他们开始等待，等客户自己开口要求成交……事实证明，客户十有八九不会主动提出购买产品，推销才是成交的主要动力。

学会与客户缔结契约

在整个推销过程中，最令推销员紧张的时刻是开口向客户要求签约，因为这是关系到推销成败的决定性时刻。学会与客户有技巧地缔约，才能为你的推销活动画上圆满的句号。

缔约与签约的意义不同，缔约是指推销过程中，推销员对客户提出签约要求以及客户的反应。不管客户是答应还是拒绝，都意味着推销员的推销过程已取得初步成果，可以做一个初步的了结，这种了解客户意向的过程被称为缔约。

缔约是推销员了解客户内心想法的最直接有效的手段，通过缔约，推销员能够了解客户对于产品的意向：

• 真的有兴趣还是没有丝毫兴趣；

• 可以找出尚未解决的客户异议，想方设法化解它，否则客户最终将会拒绝成交；

• 发现客户真正关心的问题点。

根据使用的场合与目的的不同，缔约的形式通常分为三种：

1. 最终缔约

最终缔约是指推销员最后要求成交的过程，也是推销员最紧张的时刻。就推销员而言，他所付出的所有努力的最终结果，将在这一时刻揭晓；就客户而言，他必须要下决心做出决定，必须克服心理上的摇摆不定，须给对方做出明确的承诺或回绝。

2. 中途缔约

中途缔约能让推销员逐步展开推销，把推销的工作推向最终的缔约。中途缔约的形式有很多，比如获得 key man（指拥有决策权和购买能力的人）的会面、获准进行事实调查、客户同意参加产品说明会、客户对你的产品表示认同等等。

这些中途缔约标志着你的推销工作取得了一定进展，让你能更坚定地往最终缔约迈进。

3. 试探缔约

推销员：如果您能早一天安装我们的设备，就能早一天提高生产量。现在开信用证，正好可以赶到月底的船期进口，否则下一个船期要下月底才有，如果您现在就同意安装，我们立刻通知银行开信用证进口。

推销员：陈处长，您刚才已看过操作示范了，我们的价格也非常合理，是否明天就开始给您送货？

上面两个是试探缔约的例子，试探缔约意味着推销员假设推销至这个阶段，客户应该已愿意购买，因而用试探的方式企图缔约。

只要你认为时机成熟，你就可采用试探缔约，及时客户拒绝了你的缔约请求，也会说出目前仍不愿购买的理由（异议）。此时，你可使用前文中提到的异议处理技巧，进一步消除隐藏在客户内心的异议，向着最终的成交迈进。

缔约的时机

如果要想发射一颗人造卫星上太空，一定要等到适当的时机才行——因为要配合地球的自转状态。专家称之为"发射窗口"，在某个特定的短暂时刻它才会打开。

推销员要想和客户签下合约，也得遵循类似的原则，等待合适的时机。

优秀的推销员在向客户要求缔约时，一定是带着坚定的自信全力以赴的：我是不会空手离开客户的，我一定要拿到订单，除此之外没有别的路。

除了坚定的信念，推销高手还必须准确把握缔约的时机。因为这种时机稍纵即逝，推销员若稍不留神，它就再也追不回了，客户会拒绝签单，而推销员此前的所有努力都会付之东流。

在客户购买心理发展的各个阶段中，如发生兴趣、激起欲望、提出异议、比较、下决心时，都可能出现缔约的好时机。

实际上，推销过程中出现下列的状况，都是推销员进行缔约的时机：

（1）当你的客户觉得他有能力支付时。

（2）当你的客户与你的看法一致时。

（3）当你的客户给出一些正面的反馈时，如请人给你添咖啡、面带笑容、与你愉快交谈时。

（4）当你的客户获得充分的信息，已能做决定时。

（5）当你的客户说出"喜欢"、"的确能解决我这个困扰"时。

（6）当你的客户关注的问题得到圆满解决时。

（7）当你的客户询问售后服务事宜时。

（8）当你的客户询问货款支付方式时。

（9）当你的客户询问目前已有哪些正在使用产品的客户时。

（10）当你的客户提出的重要异议被成功处理时。

（11）当你的客户同意你的建议时。

（12）当你感觉客户对你有信心时。

（13）当你的客户同意你总结的产品优点时。

缔约的三个准则和注意要点

推销员在要求客户缔约时，需要遵循以下三个准则：

1. 经常缔约

经常缔约能让你的推销工作更有效率，更能引导推销的方向及进展。

2. 对每一个推销重点要做缔约的征询

当你向客户介绍产品时，每说完一个重点后，都要做缔约的征询，以确认这是否是客户最关心的利益点。

3. 重大异议处理完后进行缔约

化解了客户提出的重大异议后，你即可进行缔约，因为你已消除了推销过程中的主要障碍。对于客户其他的异议，你也可做相对的让步，这样有助于完成推销的目标。

在缔约的过程中，随时都会出现一些外在或内在的阻碍缔约成功的因素，这也是推销员在缔约时需要注意的要点。

1. 冷静对待客户的沉默

如果在你要求成交之后，客户一时陷入沉默，你不必因为担心客户拒绝而继续喋喋不休的推销。相反，你要给客户足够的时间去思考和做决定，决不要贸然打断他们的思路。有些推销员存在一种错误的想法，他们认为客户的沉默意味着他们不愿意成交。事实上，推销专家一致认为："适时的沉默不仅是允许的，而且是受客户欢迎的，因为他们会感到放松，不至于因为有人催促而做出草率的决定。"

在面对面的推销中，客户的沉默通常令推销员感到压抑和紧张，推销员会很自然地产生打破沉默的念头，而这一举动可能会导致交易失败。所以，推销员在客户开口之前一定要保持沉默，克服压力，等待成交的时机。

如果客户想考虑一下，那么现在就给他时间去思考。这总比他告诉你："你回去等我消息，我想再考虑一下"要好得多。别忘了，当他保持沉默时，就是他在思考到底要不要购买你的产品。对客户而言，他承受的沉默的压力比推销员所承受的还大，所以他们不会沉默太久，推销员一定要耐心等待。

美国寿险推销员保罗讲过一则趣事："我曾访问一个来自南非的出租司机，这位司机坚决认为他不会购买我推销的人寿保险。当时，他肯会见我，只是因为我有部录影机可随时播放彩色录像带——而这正是他最感兴趣的。"

这盘录像带的内容是介绍人寿保险，并且在片尾提了一个总结性的问题："它将为你及你的家人做些什么？"看完影片，二人都静悄悄地沉默不语。2分钟后，这位出租车司机心里经过一番激战，终于对保罗说："现在还可以购买这种保险吗？"结果，他签了年缴保费为1万美元的人寿保险合同。

2. 不说客户不爱听的话

如果你是一名服装推销员，有一位客户走进了你的店门，你发现他身上穿着一件很旧的外套，你就想卖给他一件新外套。看着他身上的破旧外套，你心里一定在想："这么破旧的衣服怎么还穿呢？"你心里这样想，但嘴上不能这样说，因为这样的话很可能激怒客户，使你的推销还没有开始就宣告失败。

如果你是一名汽车推销员，当客户问你他那辆旧车可以折合多少钱时，你心里想的也许是："这么破旧的车还能值几个钱？车子的轮胎也许已经磨损提不像样了，烧起汽油也许比柴油引擎还要多，车里的气味也许很难闻……"车子的实际状况或许就是如此，但你不能把这些话说出来，因为这是客户的车，他可能很喜欢这辆汽车，毕竟他开了这么多年，多少总会有点感情。即使他不喜欢这辆车，也只有他才有资格来批评这辆车。如果你先开口说这辆汽车如何如何的糟糕，客户会觉得你伤害了他的自尊心，会觉得你粗鲁无礼、不懂得尊重人。如果你给客户留下了这种印象，那你还有希望与他成交吗？

张先生的车已经用了7年了，最近有不少推销员向他推销各式车子，他们总是说："您的车太破了，开这样的破车很容易出事故的……"或者说："您这破车三天两头就得修理，修理费太多了……"张先生却从不理会他们的推销。

一天，一位中年推销员向张先生推销汽车，他说："您的车还可以再用几年，换了新车太可惜。不过，一辆车能够行驶3万公里，您开车的技术的确高人一筹。"这句话使张先生觉得很开心，他很快从推销员那里买下了一辆新车。

有时，客户会自己说自己的东西不好，比如说："我这辆车太破，想买辆新车。"这时你也不能跟着附和："你这车确实够破了，早该换辆新车。"在推销儿童用品时，客户可能会谈及自己的孩子，当客户说他的孩子太淘气时，你要是顺着他的话说"是够淘气的"，那你就休想他们买你的产品。如果你说："聪明的孩子都淘气。"客户很可能会高高兴兴地与你成交。

推销员说话要讲技巧，不说客户不爱听的话，这并不是虚伪。因为话是说给他人听的，你的话可以使他心情舒畅，也可以使他情绪一落千丈。使人心情舒畅于己于人都有好处，何乐而不为呢？

不过，说话讲技巧并不是要你说谎话，不是要你以次充好去欺骗客户，它只用于你推销的产品以外的东西，对你的产品必须实话实说，不能蒙骗或者误导客户。

3. 如何应对难下决心的客户

有些客户总是犹豫不决，不肯下决心购买，这一现象背后当然有其主观和客观的原因。面对这样的客户，推销员要抽丝剥茧地分析，找出客户下不了决心的原因，然后才能提出解决对策，尽快完成推销任务。

推销员："王经理，这份团体合约我和您讨论过好多次了，合约的内容也照您的意思修改了多处，现在只要签单，员工们立刻享有保障，您看是不是能在本周内完成缔约的手续？"

王经理："嗯！合约的内容是改得差不多了，不过我还想再考虑考虑！"

推销员："您还要考虑什么呢？这份合约您不也认为很合理吗？"

王经理："嗯！是很合理，不过……还是给我一些时间再考虑考虑！"

现今各行各业都蓬勃发展，市场上各类产品琳琅满目，给客户提供了丰富多样的选择，但有时也导致他们在选购产品时难以做出决定，因为过多的信息、不断更新的产品功能，使得他们无法凭自己的能力，迅速地做出正确的判断。

有些客户听了推销员所做的产品介绍，也实际观看了样品，对于产品他们并没有什么不满意的地方，似乎没有理由不购买，但却迟迟不见他们下决定，推销员几度要求签单，但得到的都是模棱两可的答案。客户对产品并非不认同，但不管你在一旁心里多么的着急，他们却总是不立刻下决定，这种情形在大公司内特别容易碰到。这种客户的心理，可分为三个类别，你可根据不同的类别，给予不同的处理：

- 对自己的决定感到不安

他们对自己的决定无法找出足够的依据，怕自己考虑的不够周详，或担心自己得到的信息不够充分，或想再听听更多人的意见，或担心万一发生问题时要由自己承担责任……这些因素都会使得客户感到不安，迟迟不敢做出决定。

面对这种客户，你最好能让他了解选购产品时的评估基准，让他确信你的产品是合乎基准的。例如购买一台复印机，在评估其成本时，要考虑机器本身的成本、将来每复印一张的耗材成本及零件保用年限，若这三项因素都考虑到，那么对复印机的成本评估就能做到准确全面，不用担心出现问题。

此外，你还可以向客户介绍购买同样产品的知名客户，为其提供参考，这样也能降低他们的担心，促使其做出购买决定。

• 分散决定责任

有些大公司的采购人员，虽然自己拥有采购的决定权，但往往怕引起他人的怀疑和背后议论，为了预防万一，便采取一些预防措施。因此，他们即使对你的产品非常满意，也不会当机立断，立刻决定购买。为了分散责任，他们会征询公司其他人员的意见，由大家共同做出决定。

你了解采购人员的这种心态后，应该协助他，尽量说服公司内的各个相关人员都对你的产品表示支持。若是此时能有渠道，还应取得该公司上层单位主管的支持。所谓支持并不一定是直接指定你的产品，而是同意给予你参与竞争的机会。

• 过分在乎他人的看法

过分在乎他人看法的客户，往往对任何事情都拿不定主意，虽然决定权在自己的手里，但是他们购买任何东西都会担心别人是否会认同。如果他们认为别人可能不认同你的产品，那他们就很难下决心购买。

碰到这种类型的客户，你的推销重心应该适度地转向客户的周围人士，你要很小心、谨慎地应对处在客户左右的人，因为他们的意见往往决定了你是否能立刻拿下订单。只要争取到他们的支持，你就有希望与客户成交。

面对这三类难下决定的客户，你若能清楚地辨明他们的内心状况，相信你必能迅速地突破他们的心理阻碍，让他们迅速做出决定。

不可否认，大多数的人碰到要下决定时，都会犹豫不决，因为他们担心自己做出错误的决定而遭到损失，因此客户难下决定是推销员面临的正常状况，此时你的对策是告诉客户，下决定后就得到哪些利益，"利益"的推销是最有力武器。

4. 如何面对竞争对手

在推销产品时完全没有竞争对手的情况是很少的，因此你必须做好准备去应对竞争对手。你要仔细研究竞争对手的产品，找出你的产品的竞争优势，并在客户面前极力强调这些优势。与此同时，要注意以下原则：

- 贬低毁谤竞争对手的产品是不明智的

有些推销员当着客户的面公开毁谤贬低竞争对手的商品，企图以此来推销公司的产品，取得客户的信任，殊不知这样做的效果只能是适得其反。客户听到这些话时或许不会当场反驳，但心里却很反感，觉得你这个人不诚实、不可靠，自然就不想与你打交道了。

贬低客户正在使用的产品及其公司，在推销过程中是最为忌讳的。一些性急的推销员因为急于展示自己的产品，常常犯此大忌，这样一来会惹怒客户，本来有可能做成的交易也就被自己的不当言行毁了。

推销员在和客户打交道时，经常会遇到对方有意无意贬低本公司产品而赞扬竞争对手产品的情况。在这种情况下，有的推销员不提竞争对手的产品，仅拼命地为本公司的产品辩护。当客户不"买账"时，推销员就很恼火地大肆毁谤竞争对手的产品，这样一来不但无助于扭转客户对你的产品的印象，最终双方还可能会大吵一架。请问，到了这个地步客户还会买你的产品吗？

当本公司的产品被贬低时，推销员当然要进行辩解，但是辩解的方法很重要，如果硬生生地把对方给驳回去，对方不仅难以接受，还可能与你发生冲突。此时明智的做法是：首先附和他的意见，这样一来对方感到心里很舒服，有了"共同语言"后，你所说的他也就能听得进去了，此时再用心平气和的态度陈述本公司产品的优势，转变对方的观念，最终达成交易。

推销员在为本公司产品辩护时，应将本公司产品的长处和竞争对手产品的短处巧妙地进行比较，以达到说服客户的效果。因为你没有直截了当地贬低对手的产品，所以也不会引起客户的反感，对方也就会直率地与你交谈，随着谈话气氛的融洽,对方的偏见就会逐渐消失,会以公正的态度对待你公司的产品。

不贬低毁谤竞争对手的产品,是推销员必须牢记的信条之一。把别人的产品说得一无是处,绝不会给你自己的产品增加一点好处,反而会有损于你的人品和公司的形象。

• 不要进行人身攻击

一些推销员为了争取客户,而对竞争对手进行人身攻击。有些客户可能会被他们蒙蔽,对于被攻击的人产生偏见,进而放弃与他们合作。但是,竞争对手也决不会就此罢休,势必针锋相对,以牙还牙,以同样恶毒的言语攻击那些曾经中伤他们的人。这样一来就发展成双方相互揭短、两败俱伤了。因此,对竞争对手进行人身攻击的行为,既是不道德,也是不明智的,必须杜绝此类行为,要做一位堂堂正正、德才智勇兼备的推销员。

◆ 缔约的 10 条建议

(1)要表现得充满自信,相信客户一定会与你缔约!

(2)帮助客户解决购买过程中遇到的障碍!别忘了:客户总是想要喝香槟,即使他的预算只够买啤酒,想办法和客户一起找条路,让他喝得到香槟酒。

(3)要懂得把握时机——机不可失,失不再来!

(4)简单扼要地说出交易条件!

(5)偶尔要适时地沉默一下!

(6)要事先准备好合同书,在该签名的地方做个记号,或者动作迅速地把他该签名的地方指给他,让他看清楚!

(7)要帮助客户迅速下定决心,但要让他有自己做了决定的感觉!

(8)不要在行动或声音上露出丝毫的紧张感!

(9)保持心态平和稳定,在填写订单时不要出错!

(10)要向客户表示恭喜和感谢,让他相信做出成交决定是正确的!

第七章

成交之后继续服务

在一个专业推销员眼里，成交绝不是销售的终点，而是与客户建立长期联系、不断进行合作的序幕。

专业的推销员都清楚地知道：拥有一个忠诚的老客户胜过开发两个新客户，而让老客户忠诚地回报自己，也正说明了自己销售力的高超。

要想赢得客户的忠诚，很重要的一个因素是售后服务的质量。无论产品本身的质量有多好，如果没有良好的售后服务，客户就不会有真正的满足感。售后服务方面的小小瑕疵，也会引起客户的不满，甚至导致客户失去对产品和公司的信任，这绝不是危言耸听。

正如一首乐曲，纵然前奏动听，过程也是高潮迭起，但唯有结尾与之呼应，圆满收尾，才能称得上一首优美动人的乐曲。

虎头蛇尾是许多人的通病，推销员要想避免这种通病，就应该为自己打上预防针。这支预防针，叫全心全意为客户提供售后服务。

无条件为客户提供售后服务

无条件为客户提供售后服务，指的是推销员不图回报、不辞劳苦，永远站在客户的立场上，为客户提供尽善尽美的售后服务，解决客户的一切后顾之忧。

◆成交是真正的开始

很多推销员都认为成交是推销的结局，以为成交了就万事大吉了，其实不然。成交仅仅是推销的开始。

让我们看看美国汽车推销大王汉斯是怎样做的吧。

推销成功之后，汉斯需要做的事情就是，把客户与买车有关的一切情报，全部都记进卡片里面；同时，他会向买过车子的人寄出一张感谢卡。他认为这是理所当然的事，虽然很多推销员并没有这样做。所以，汉斯寄出的感谢卡，令客户印象特别深刻。

不仅如此，汉斯在成交后仍然和客户保持密切联系，他对客户说："如果车子出了问题，请立刻通知我，我会马上赶到，我会让人把修理工作做好，直到您对车子的每一个小地方都觉得特别满意为止，这是我的工作。如果您仍觉得有问题，我的责任就是要和您站在一边，我会帮助您要求进一步的维护和修理，我会和您一起去应对汽车修理技工、汽车经销商乃至汽车制造商，直到您的问题得到彻底解决。无论何时何地，我总是和您站在一起，同呼吸、共命运。"

汉斯将联系客户当作是长期的投资，绝不会卖一部车子之后即置客户于不顾。他本着来日方长、后会有期的信念，希望他日客户为他介绍亲朋好友来车行买车。卖车之后，他总希望让客户感到自己买到了一部好车子，这样当客户的亲戚朋友想买车时，第一个便会考虑找他，这就是他推销的目标。

车子卖给客户后，如果客户没有任何反馈，他就试着不断地与那位客户联系。他在打电话给老客户时，开门见山地问："您买的车子情况怎么样？"有时白天电话打到客户家里，接电话的是客人的太太，她们大多会回答："车子情况很好。"他再问："有任何问题没有？"顺便提醒对方，在保修期内有必要将车子仔细检查一遍，并重申在这期间检修是免费的。

汉斯说："我不希望只推销给客户这一辆车子，我特别珍惜我的客户，希望他以后所买的每一辆车子都是由我推销出去的。"

陈小姐是某办公家具厂的业务员。她做事勤劳刻苦，待人细心热情。每个月她无论多忙，都要抽三天时间拜访自己的老客户。有时是顺便拜访，有时是专程拜访。

每一次她到老客户那里，总是仔细地打量她所推销的办公家具，看是否出现了什么问题。她细心到哪怕一个不起眼的部位掉落一个小螺丝钉也逃不过她的眼睛。每逢出现问题，无论大小，她都一一记录下来，然后尽快督促公司派人过来妥善解决。

在她的客户的公司里，经常有职员积累一定的经验后辞职另立门户，开办公司。这些人无一例外地找陈小姐购买办公家具。另外，她还经常接到陌生客户的电话，声称是由×××（她的老客户）介绍他来向她购买办公家具。陈小姐的诚信与细心的售后服务，使她获得了丰厚的回报。

但作为专业的推销员，应该时刻记住：我们不是因为图回报而为老客户服务。给老客户提供全方位的售后服务，是推销员的义务，是无条件的。只有怀着这种心态，我们的售后服务才能尽善尽美。

◆服务要从诚信开始

推销员销售额的大小取决于与客户成交量的多少。如果推销员坚持用诚信的态度去和客户沟通，就会培养出自己的客户群，并且这个客户群忠诚度相当高。

某图书发行公司推销员向一家大型书店推销一种教学参考书。书店的业务经理听了推销员的介绍，开口就订了2000套。但这个推销员并未因成交就此了事，他认为这本书今后销售的好坏会影响到这家图书发行公司以及他本人的声誉。为此，他向书店经理分析道："据了解，贵市需要此书的学校为15所，每个学校需要此书的学生大约70到80人，每期三个月的培训。因此，三个月内有1200套就可以了。这个数量既能保证贵店供书，又可避免积压，影响资金周转。"经理听后，将信将疑，但三个月后，该种图书果然销售一空。

相对于其他推销员只求书店多订书，而不管书店积压与否，这个推销员靠诚信的态度和为客户服务的精神，赢得了客户的信赖。此后，这个推销员可以享受一项特殊的"待遇"：只要他认为好的书，尽管发货给这家书店，书店照单全收，及时结算，从不拖欠。

只有以诚信的态度为客户服务，才能取得客户的信任，客户才能甘心情愿地接受你的推销，甚至还会将你介绍给他的亲戚、朋友、同事等，帮助你拓展新的客户。而此时，你的推销成本和你所投入的精力就会大大地降低，推销的效率和收益会大大提高。

◆保持联系很重要

成交后你要做的第一件事，就是立即寄一张感谢卡给你的客户，谢谢他对你的信任。这个简单的举动不会花费太多的成本和精力，却能带来丰厚的回报，会让客户深受感动，认为你是个懂得感恩、值得交往的人，会与你保持合作关系。

除了感谢卡，你也可以在他生日时寄张生日卡，或者在逢年过节的时候为他送上问候和祝福，让他感受到你的真诚关怀。

你推销产品给客户，是客户为你提供了收入。而与客户保持联系，可以使客户成为你的朋友，提高客户的忠诚度。要在内心深处建立服务客户的愿望，始终为客户利益着想，以此为原则加强与客户的沟通，从满足客户需求的过程中不断提升自己的销售力。

◆服务是一个长期过程

如果你研究日本那些成功的公司，会发现它们都有一个共同的特点——在各自的行业中为客户提供最优质的服务。像松下电器公司、丰田公司、索尼公司这样的国际知名大公司，在各自市场上占有很大的份额，而这些公司的推销员都致力于提供上乘服务，他们不断寻求更好的方式，以满足客户的需求。不管推销的是什么产品，他们都有一种坚定不移的、日复一日的服务热情。

如果你能带给客户长期优质的服务，他们就会对你忠诚。你要明白，赢得终身客户并不是靠一次成交,要想建立永久的合作关系,你绝不能对各种服务掉以轻心。做到了这一点,客户就会觉得你是一个可靠的人,一个值得信赖的人,因为客户在使用产品的过程中遇到任何问题你都能妥善解决。这件事说起来容易,但要做到"几十年如一日"的优质服务,确实需要一种持之以恒的自律精神。

亚美公司的一位推销员曾经驱车50公里,只为给客户送去仅值10美元的果子酱。

有人问他:"你花那么多时间在这些小额订单上,怎么能赚钱呢?"

他回答说:"开车那么远,只为了一份小小的订单,所得收益还不及我路上所耗费的汽油值钱,看起来似乎是浪费时间。但是,一旦我让本公司产品摆上了货架,我就希望它永远留在上面。在我们这一行,保住了货架占位就意味着一切。要做到这一点,靠的就是尽善尽美的服务,我可不愿意因为我服务差而失去客户,失去更多的交易机会。"

专业的推销员应该明白,通过为客户提供各种服务是能够使自己的生意兴旺发达起来的。推销员要充分认识到客户的价值,在签订第一份订单之后,一直保持与客户密切联系。一个专业的推销员不仅要定期做存货检查,还可以建议客户削价处理滞销品。除此之外,他还应该亲自了解当地市场,建议零售商们使用那些被证明行之有效的促销方法。

不管你推销什么,优质的售后服务永远是赢得忠诚客户的重要手段。一名合格的推销员必须提供稳定可靠的售后服务,并与你的客户保持联系,无论出现什么问题,你都要与客户一起努力去解决。如果你只在出现重大问题时才去通知客户,那你就很难博得他们的好感与获得他们的配合。推销员的工作并不是简单地从一桩交易到另一桩交易、把所有的精力都用来发展新的客户,除此之外还必须花时间维护好与现有客户来之不易的关系。但很多推销员却认为替客户提供售后服务不能给自己带来直接收益,因此而不热心去做。这种观点看上去好像很有道理,因为停止服务可以腾出更多的时间去发现、争取新的客户。但是,事实却不是那么回事。优质的售后服务不仅是推销员的义务，也是推销员获取收益的重要手段。客户如果对你的服务质量感到满意，就会成为你的回头客，一次又一次购买你的产品。更重要的是，他们还乐意介绍别的客户给你，这就所谓的"滚雪球效应"。提供这样的途径扩大客户群，比一个一个地发展新客户要快捷有效得多。

你应当记住：成功的推销生涯，正是建立在优质售后服务的基础上。

凭实力赢得回头客

有个人独自穿越沙漠，他的牛皮囊里的水三天前就已经干涸。烈日下他踽踽独行，干裂的嘴唇呼出的空气如火一般炎热干燥。

幸运的是，他发现不远处有一个手动的压水泵。他兴奋地走上前去，疯狂地用手压着水泵的手柄。然而压水泵的皮圈也因太干燥，吸不出水，只是伴随着嘎嘎的声音做着活塞运动。

他沮丧地停下手来，却发现压水泵的泵身上贴有一张字条，上面写着："口渴的旅客，我要告诉你四件事：第一，最近的绿洲离此地至少有100公里；第二，你脚下的沙子中埋有一瓶矿泉水；第三，将这瓶矿泉水倒进你的口里，可以解你一时之渴；第四，将这瓶矿泉水倒进压水泵里，将干燥的皮圈润滑之后，你可以压出大量的清洁的饮用水——不过你要压动手柄20分钟。"

这个人该如何选择呢？如果他贪一时之快，喝光了那瓶矿泉水，他将死在通往绿洲的路上；如果他忍一时之渴，把那瓶矿泉水倒入压水泵中，然后经过20分钟的劳动，他将可以把自己干涸的胃和牛皮囊全部灌满。

专业的推销员，他们在市场的沙漠中建起了许多"压水泵"——回头客，并且总是备有润滑用的"矿泉水"——售后服务。他们经常用一瓶水，从容地从井中压出一桶或更多的水——他们即使是在沙漠里行走，也永远不会渴死的。

让我们来深入探讨一下，这些成功的专业推销员，到底运用了哪些具体的推销手段，来赢得忠诚的回头客呢？

◆构建客户推介系统

一个不争的事实是：推销高手的大部分新客户都是来自老客户直接或间接的推荐与介绍。那么，如何更有效地利用老客户——这些无须发工资的"推销员"——为你拓展业务？

许多推销员花了许多的时间、精力及金钱，不断地拜访新的目标客户，其实你只要花其中一小部分的金钱及时间，维护好你与老客户的关系，让他们帮你介绍新客户，形成推介系统，效果就会好上几倍。要想成为推销高手，你最少需要四到五个不同的推介系统。

在你构建推介系统时，需要思考以下问题：
- 你的理想客户群体是什么？
- 你的理想客户最关心的利益点是什么？
- 你所能提供给客户哪些利益？是否符合他的期望和需求？
- 你的竞争对手能提供给客户哪些利益？与他相比你有哪些优势和不足？
- 你的理想客户面临的最大问题是什么？你如何帮助他们去解决这一问题？

想清楚上述问题之后，你就可以从以下几个方面构建你的客户推介系统。

1. 主动提出介绍请求

首先，当你和老客户进行接触时，要礼貌地请求他们帮你推介客户。你必须主动提出这个请求。你要让客户知道你很喜欢和他们做生意，也许他们有一些相当熟的朋友，和他有着同样的价值及质量标准。告诉他，你希望和这些有价值及可信任的朋友认识，请你的客户帮你介绍。

接下来，你要协助客户发现谁最能够从你所提供的服务及产品中得到收益。你必须先告诉他们你的理想客户是什么样的人，他们身在何处、可能在做什么，以及为何能够从你的产品中获利。

最后，再表达你很想和客户推荐的人士见面会谈的意向，并提出即使对方不打算成交，也愿意为对方提供咨询服务。只有当你的客户认为你确实能提供帮助时,他们才放心让他们的朋友或同事和你联络。

如果你能向每一位客户提出这样的介绍请求,你一定会得到数十位甚至上百位的新客户。你也可以让你的团队成员一起去做,你会看到当你建立这样积极的客户推介系统后,你的成交量会快速增长。

经由推介而来的客户,通常成交更快,消费额更高,更能让你获利,也对你的产品及服务更加忠诚。而推介来的客户通常也会向你推介新的客户,这样你的推介系统会自然而然地扩展开来。

2. 寻找理想客户

什么样的客户是你的理想客户？要想回答这个问题,你就要从以下角度去衡量你的目标客户：

- 年龄
- 性别
- 收入
- 职务
- 种族
- 住宅
- 地理区域
- 生意种类
- 婚姻状况
- 嗜好
- 参加的社团或团体
- 交通工具
- 教育背景
- 投资种类（房产、储蓄、股票、债券等）
- 生理健康
- 心理健康
- 吸烟情况

- 饮酒情况
- 休假
- 购物习惯（购物的渠道，选择产品的标准等）

3. 明确谁能将理想客户推荐给你

找到理想客户之后，接下来要明确谁能将理想客户推荐给你。以下是可能向你推荐客户的个人或群体：

- 厂商
- 现有客户
- 本公司及客户公司员工
- 竞争对手的前雇员
- 亲戚朋友
- 你的目标客户信任的其他生意人及专业人士
- 相关团体（例如书法、旅游、音乐、汽车等相同爱好团体等）

4. 怎样获得推介许可

- 确保你有高品质的产品或服务。
- 将你自己放在与竞争对手不同的定位。
- 向推介人解释，即使推介的客户并未购买产品，你仍会他们提供有价值的服务。
- 给推介人以合情合理的埋由，让他们觉得应该替你推介客户。向他们做出保证，如果你能与被推介客户成交，你会投入更多的时间和精力，以提供更好的产品及服务。
- 提供免费或折扣的产品或服务给推介成功的推介人，并且告诉他们，这是你为感谢他们而付出自己的收入提供的。
- 为被推介的客户提供特别的优惠条件，包括额外服务、折扣或其他可能对客户有价值的条件。
- 和过去的推介人保持密切联络与接触，告知他们所推介者已成为客户，并向他们表达感谢。

• 在客户最能接受的时候提出推介的请求，比如你为客户带来了利益，或客户情绪状态良好的时候。

5. 着手建立推介系统

想想你的老客户们有多少的朋友、家人、同事和客户等等，在和他有关联的人之中，有多少是你可以得到推荐与介绍的对象，将你所掌握的信息全部罗列出来，以此为基础开始建立你的客户推介系统。你可以根据你与客户的关系、客户采购的次数与满意的程度，从你的客户名单上挑出最佳的推介人选，看看你在未来的 5 天、15 天、30 天及 45 天内可以得到多少推介，根据实际情况不断地调整你的系统，使之越来越完善。

由推介而产生的客户成交的可能性较大，而且每一次购买的数量又比较大、生意往来也比较持久，同时较少讨价还价，并且会给你介绍新的客户。只要你建立起行之有效的客户推介系统，就会有源源不断的新客户，交易也自然水到渠成。

◆ 与流失客户重建联系

增加客户有一个最简单有效的办法，但是却很少人做到，那就是与流失的客户重新建立联系。

老客户的流失被称为"损耗"，与开发新客户相反，损耗就是停止和你生意往来的客户人数。许多推销员都忽视了客户损耗的问题，甚至连他们实际的损耗率是多少都不知道。

如果你一年损失两成客户，你必须很努力地增加三成的客户，才能有一成的业绩增长。为了尽可能地降低损耗，你必须找出那些流失的客户是谁，再找出客户不再和你做生意的原因。

1. 找出失去联络的原因

客户之所以不再向原来交易的推销员购买产品或服务，原因主要有以下三种：

- 他们并非有意与你切断联系，只是某些偶然因素使他们暂时停止和你往来。

- 在你们的上一次交易中，曾经出现问题或不愉快的事情，但他们并不想告诉你，只是默默地停止和你的生意往来。

- 情况有所改变，他们再也无法从你推销的产品或服务上获得利益。

让我们再来详细地讨论这三个原因。

每一天都有成百上千的信息前来轰炸你的客户，吸引你的客户的注意，耗费他们的时间及金钱。而"眼不见，心不念"，一旦你和你的客户之间的联系和互动减少，不管你以前提供了多么好的产品及服务给你的客户，他依然会无情地把你遗忘。

美国有名的演讲大师乔治和他的太太每个周末都去拜访一位营养师，他们都很喜欢这位营养师。但有一次因亲戚来访，他们连续三个周末没有去，后来他们就再也没去过了。其实乔治夫妇想再去，只是怕营养师问及他们为什么连续三个周末没有去。如果营养师主动地和他们联络，不管她是亲自登门拜访还是打电话，甚至只留一个话，乔治说他们都会马上回去。

事实上，一半以上的损耗客户是只想暂时停止商业往来的忠诚客户，但是由于推销员的忽视，他们多数却再没有机会重新回头。如果推销员能及时与他们恢复联系，就能重新建立交易关系。

当你在做这些事时，实际上是帮助这些客户重新获得价值及利益。不要忘记，不管你推销给他们什么产品或服务，都能使他们有所收益，而在他们没有和你做生意的这段时间，其实是他们蒙受损失和不便。当你帮助他们重新和你做生意后，你是在帮助他们获得更多的收益及好处。

所以，你有责任与义务以当初双方从事交易的原意来和他们重新联络，让他们重新享受这些收益。

接下来让我们再来考虑最常见的客户和你断绝交易的理由——他们对你不高兴、不满意。以下是美国研究机构为白宫消费者事务办公室所提供的研究数据，这个课题和客户的不满有关，结果十分有趣。

当客户对推销员的产品或服务不满意时，96%的人不会当面提出抱怨。

在接受不满意的服务后，他们会将自己不愉快的经历告诉最少9个人，有13%的人会将这些信息传播给20个人以上。

- 平均26位客户在出现问题时（这其中有6件是"严重"的问题），才会有1位向公司提出正式的投诉。

- 当你在处理一宗投诉时，其他不满的客户就会停止和公司沟通，但他们依然会向自己周围的人抱怨。

- 在正式提出投诉的客户中，如果投诉的问题得以解决，有七成的客户愿意和该公司再次交易。如果客户觉得这个问题很快就得以解决，这个比例还可升到九成五。

- 68%的客户会因为推销员的漠不关心而与其停止生意往来。在客户的眼中，一个负面的事件，需要12个正面的事件来相抵。

解决这个问题最好的方法，就是在一开始就不要损失客户。客户停止和你做生意的原因很多，但归根到底是你忽视他、触怒他、使他不快以及不承认错误。

当你认识到有八成失联客户可以挽回，就应该马上采取行动，争取大部分的客户回头。当他们真正回头时，可能会变成你最好、最忠诚、最常照顾你生意的客户。

如果有客户是因为第三个原因而停止交易（因为情况的改变，使他们再也无法从你卖给他们的产品或服务获利），你依然可以与他们重新建立联系，表达问候之意，然后要求他们将你推介给他的其他朋友、家人及同事。他们通常都很愿意如此做，但他们绝不会主动推介，得靠你自己去要求。

对于客户遇到的情况变化，如果是有所改进，推销员应为之高兴并向他们道贺。如果发生了不好的事情，推销员要表达真心的关怀与安慰，这是获得推荐及介绍的诀窍。

如果和不再使用你的产品及服务的客户接触，并且适当地要求给予推介，有五成以上可能增加销售的业绩。

2. 重新争取流失的客户

如何使所有流失的客户重新再和你来往？你所要做的就是真诚地和他们接触，例如和他们约时间去公司或家里拜访，还有打电话给他们或发邮件给他们。

以下是你和他们恢复联系的步骤：

首先要告诉他们事实真相——你发现对方有好一阵子没向自己购买产品或服务，因此希望了解相关情况。当你在进行这样的沟通时，必须表示出你是在真正地关心他们的福利，如果对方不再与你交易，就无法接受你提供产品或服务所带来的价值及利益。

在你真诚地表达对双方失去联系的关切后，要更真诚地询问他们："之前的交易过程是不是有哪些不对的地方？"在客户回答之前，还可加一句："我是不是做错了什么？我有让你不舒服的地方吗？如果有，我保证绝对不是故意的。您能告诉我您的想法吗？"你的谈话焦点应放在对方身上，要找出来他们停止交易的原因到底是什么，并且进行弥补的工作。

有一位旅客在搭乘飞机时，在他的沙拉里发现了一只蟑螂。他在抵达旅馆的当天晚上，就立即写了一封充满愤怒的信，向航空公司投诉。当他结束商业旅行时，航空公司的回函已经送到他的办公室。

这封信是这样写的："亲爱的先生：您的来函我们极为关切，我们以前从未收到过这样的投诉，而我们发誓在我们的权责范围内，将避免让此种事件重演。您也许想知道，为您提供服务的服务员已被训诫，而整架飞机也已消毒。您所关心之事并未被忽视。"

这名旅客对航空公司处理的方式印象深刻，日后他经常乘坐该航空公司的班机。

当客户向你抱怨之前的交易过程中存在的问题时，你有绝佳的机会让他们知道他们对你事业的重要及价值，同时为了曾经发生的问题向对方道歉，并告知他们出现该问题绝非有意，而你会采取措施加以弥补，例如提供免费的商品或服务，以争取他们回心转意。要去做任何能让客户高兴的事，并且让他们知道他们的利益及满意是你最重视的。在做这种表态时，不要附加任何条件。

3. 确定需要联系的客户

要想与流失客户重新建立联系，首先你要清楚你有哪些流失客户。如果你不大清楚，请重新回到资料库或电脑数据库中，查看有谁已有一段时间未再和你有生意往来了，并将这些名字、地址、电话号码等资料按时间顺序及交易次数一一排列。

如果你有时间，而且时机也合适，你最好亲自去拜访这些客户。如果现实条件不允许，你也可以用电话进行联系，或者用邮件、贺卡、邮送鲜花等方式进行联络。总之，"条条大路通罗马"，无论采取何种方式，目的是和客户重新建立联系。

4. 与客户建立联系

当你和这些失联客户接触时，一定要先了解情况，再采取措施。由于许多客户并不是故意要停止和你做生意，当你和他们恢复联系之后，他们很快就会再向你们购买东西，并且推介其他客户。为了弥补你以前的被动，你必须提供一些特殊奖品或补偿，使其成为你的忠实客户。

对于那些因发生不愉快事情、情绪不满而不再与你来往的客户，要对症下药，不管之前发生的问题是什么原因，是谁的责任，重要的是要化解矛盾，消除隔阂。为了缓和客户的不满情绪，推销员可以免费提供一些特别的服务或产品，或给予优惠的成交条件。

对于那些因情况变化而无法购买你的产品的客户，在与其重新联络时，不要因为他们没有利用价值而弃之不顾，要对他们过去的光顾表示感激，最后再礼貌地请他们向其他人推介自己的服务或产品。如果你是真心表达你的感激之情，他们会乐于帮助。

怎样留住客户

有句俗话叫"创业容易守业难"，推销员经过辛苦的拼搏，终于拥有了一定数量的客户群，但要留住这些客户，确保客户忠诚，的确不是一件容易的事。

下面有10个留住客户、增加客户忠诚度的方法，它们来自于全球各种规模的企业。作为推销员，必须去领会、借鉴、挖掘其中的精华，把这些具有实用性的先进理念拿来应用到自己的推销工作上。如果能做到这一点，你就能在推销工作中打开全新的局面。

在这里，我们举的是外国各类型公司的一些案例，供读者们参考。这些案例对我国的企业也有一定的借鉴意义。

◆ 异业结合，给客户提供增值服务

异业结合就是以你推销的产品为核心，外加其他增值服务，结合成为一套产品。这种套装产品可以更有效地吸引客户，只要客户对这整套中的一环满意，你跟他们的距离就拉近一步，他们成为终身客户的几率也相应提高。

异业结合包罗万象，可以只是简单的额外服务，也可以是不同行业的公司之间的合伙关系。比方说，银行与航空公司可以联合起来，为消费者提供刷卡购买飞机票的优惠。

同时，异业结盟不见得会增加成本，因为没有人规定你不能为这些增值服务收取额外费用。重点是在你开始估算你的收益将因此增加多少之前，你必须先从客户的角度好好想想，他们曾需要什么样的增值服务。

总而言之，异业结合的终极目标就是让客户打算再度消费时，首先想要回到你这儿来。

- 保时捷汽车

保时捷汽车在德国与万事达合作发行了保时捷联名卡。消费者只要缴交年费100美元，就可以在艾维士租车公司位于机场的停车场享受免费停车、洗车的服务，并且可优先预订旅馆房间、租赁的汽车、餐厅座位、运动设施、航空机位，以及道路紧急救援服务。另外，持卡人若选择接受与艾维士卡的联合服务，便可以享有机位候补优先权，还可使用设于机场内的健身俱乐部。

- 戴姆勒奔驰汽车

戴姆勒奔驰汽车在德国为奔驰汽车车主发行奔驰联名卡，卡主可以选择是否让该卡同时具备信用卡功能。持卡人会得到的会员制优惠，包括双月通讯刊物、年历、电影优待票、参加奔驰车特别活动的邀请，并可独享某些特惠旅游方案。

◆ 拿出消费奖励方案

无论是哪种客户，在购买产品时都希望得到优惠，尤其是已经与你有过交易的客户，更希望得到老客户的优待，因此消费奖励方案是留住客户的重要手段。最常见的消费奖励方案分为四大类，包括：

- 提供赠品
- 增值红利
- 优惠的付款方式
- 举办抽奖活动

鼓励或刺激消费不见得要花大钱。实际上，也许你已经提供一些额外价值给顾客，却没有得到很好的回应，因为你没有让客户充分意识到你带给他们的价值。

要想通过奖励方案让顾客再次购买产品，就要让客户认同你所提供的额外价值。因此，当你苦思要提供什么优惠条件的时候，务必要站在客户的立场。

1. 提供赠品

- 雅诗兰黛化妆品

化妆品推销员运用赠品作为刺激业绩手法，至今已有数十年的历史，而雅诗兰黛可谓个中翘楚。以它旗下的倩碧超敏感肌肤专用系列来说，赠品已是不可或缺的推销策略。例如美国的赫斯百货公司就推出倩碧双重红利活动：购买金额满 16.5 美元，可得一袋赠品，内有口红、洗面乳、乳液、蜜粉、刷子；消费满 35 美元，则可得到一个大手提袋及随身化妆镜。这样的优惠活动不仅消费者感到物超所值，倩碧也得以顺便介绍许多新产品。

- 麦当劳速食连锁店

1998年，麦当劳几度让消费者大排长龙，等着购买它们的快乐餐，因为套餐中附赠史努比玩偶，而史努比这一动画形象当时正红得发紫。消费者为之疯狂，争相抢购收藏。快乐餐销路奇佳，麦当劳的顾客也因此大幅增加。

2. 善用红利奖励

美国"奖励联盟"于1997所做的一项调查发现：全美企业针对消费者一年投入的促销费用，共计42.3亿美元。

- CUC电脑公司

许多商品的售价当中暗藏着不少"隐形"费用，而这些包括运送费用等在内的无法避免的额外支出，如果妥善运用，其实是很好的增值红利。CUC电脑公司便提出"金钱与理性"的红利办法，以一系列广告清楚列出提供给顾客的所有额外红利，像是免费的运送、调试及4年延长质保期，同时还在广告中详细列出那些全国性、大规模的竞争者在这些项目上分别收取的费用。将所有项目加起来评估一下，消费者如果选择这间公司的产品及服务后，可省下高达350美元的支出。

- 某连锁书店

书店要想为顾客提供增值服务，就必须进行各种促销活动，该书店也不例外。比如书店经常为顾客举办作者朗诵作品、现场签名等活动，读者们因此得以亲眼见到喜爱的作家，买到有作者亲笔签名的书籍，而这些书籍在收藏者市场具有一定的价值。因此，这家连锁书店的顾客络绎不绝。

3. 提出更优惠的付款方式

- 威尔士·赛斯特

"先享受，后付款"，这句话近来如此流行不是没有道理的。要想让客户购买高单价产品，除了激发他们的购买欲，还要帮助他们解决付款问题，提供更优惠的付款方式。美国维吉尼亚州的高级家具店威尔士·赛斯特解决的办法很简单：促销加店内签账卡。当该店以销售业绩为优先考虑时，便鼓励顾客用签账卡消费，并给予他们极大的优惠。举例来说，1998年4月当月，任何使用店内签账卡购买的商品，不仅不须先缴交头期款，还可以享受1年内免付利息或本金的特别待遇。

- 金马家具家饰公司

德州达拉斯的金马家饰公司，走的是高档路线，但因其提供极具灵活性的付款方案，连最注重经济实惠的消费者也成为他们的老顾客。金马为了让顾客能轻松购买高档家具，提出了"延长付款计划"：该计划适用于价格超过250美元的产品，公司分5次从顾客的信用卡分期付款。客户使用这项服务时不需要付利息，也不用支付任何额外服务费用。

4. 举办抽奖活动

- 微软公司

微软公司为推广新开张的网上商店，也采取了同样做法。在1999年5月以前浏览该网站的顾客，每天各有一次机会赢得价值50美元的微软软件。如果你刚好成为当天第十万名访客，可得到价值1000美元的大红包。这个方法的确能快速增加网站浏览量，提升网上商店知名度，而所需成本对这家软件巨头来说，只不过九牛一毛。

◆ 构建客户群体

所谓群体，是指一群因为某种共同特性而结合的人，比如各种社会团体、俱乐部、网络聊天室等。

你的客户总在寻找趣味相投的伙伴，而当你的顾客发现别人也对你的产品有兴趣时，他们可能会因此建立联系，分享彼此经验，并从中得到不少乐趣。因此，销售者要主动参与并引导这一过程，为不同的客户创造联系机会，进而构建出一个客户群体。

把客户彼此连接起来的公司，同时也建立了重复购买的强力机制。一个稳定的客户群体可以把单纯的买卖关系升华到一种情感关系，让客户对你的公司产生感情，成为忠诚的客户。

美国的两位知名教授亚瑟·阿姆斯壮与约翰·海格在《哈佛商业评论》中曾共同发表一篇文章，论述网络社群对于公司获利所产生的贡献：

- 获得入会费收入；
- 获得会员信息；
- 贩卖商品与广告；
- 降低服务成本，以削减内部支出。

1. 哈代摩托车厂

世界著名的哈代摩托车的客户忠诚度众人皆知，这群对于哈代忠贞不贰的车主，形成了特殊的骑士族群。该公司致力于打造忠诚的客户群体，如果你买一辆全新哈代摩托车，就可免费得到1年期的哈代车主俱乐部会员证，会员可以参加公司每年所赞助的50场哈代俱乐部活动。一年下来，这项活动总共吸引了近40万人参加。一年免费期之后，客户就必须每年支付35美元会费。到1999年，该俱乐部会员人数已经增加到36万人以上。对于哈代的各种新产品而言，这是多么可观的潜在市场啊！

2. 福斯汽车

在德国，福斯汽车让车主免费加入会员俱乐部。服务中心每天为顾客提供道路指引、预定各种活动座位与门票、赠送杂志等服务，以及特殊伙伴奖励活动。会员在接受汽车维修保养、零件更换等服务时，只要消费超过50美元就可获得消费点数，100点抵1美元，可以用来支付新车或其服务的费用。

位于北美的福斯汽车公司也有美国版会员俱乐部，会员独享优惠包括：一张可充值使用且享有30分钟免费长途电话的电话卡、一件印有俱乐部名号的T恤、一本地图、一份旅游指南、公司快讯、信用卡及其他特别活动等。唯一不同的是，会员每年必须支付25美元年费。

◆给客户消费提供保障

信赖关系的建立是促使客户重复购买的关键因素，以下是取得客户信赖的两个步骤：

步骤一就是给客户你所承诺的东西——按照当初双方协商一致的价格、时间，提供准确无误的产品与服务。这是取得客户信任的基础，必须一丝不苟地完成。

步骤二就是为了防止你的产品出现意外状况和问题，务必事先做好补救计划，为客户提供消费保障。

消费保障是你向客户显示对产品的信心以及维护客户关系的常见方式。消费保障有多种表现形式，但总体而言可分为三大类：产品、服务、价格。

如今产品保障相当普遍，客户也对这种保障方式最为熟悉，并期望所有产品都附带这项增值服务。目前销售者面临的最大挑战，是不断开发新的能吸引客户的产品保障形式，在激烈的市场竞争中脱颖而出，让客户深信你的产品绝对可靠，因而愿意一直从你手中订货。

跟一般实体商品相比，客户在花钱购买无形的服务时，总是有所顾虑，毕竟客户在购买前无法看到实实在在的样品，而且服务过程中可能存在诸多不确定因素。因此，对于你所提供的服务，你必须让客户看到你坚定的品质保证。

有些时候，你能给顾客最有力的保证就是最便宜的价格。价格保证使得客户可以放心地立即购买，而不会因为"货比三家"的心理跑到对手那里，造成公司业绩流失的风险。再者，价格通常是影响购买行为最重要的因素。一旦你提供的价格有保证，客户就会放心地长期购买你的产品。因为他们了解，在你这里花钱，绝对不会后悔。

1. 提供产品保障

• 《价值》杂志

《价值》杂志为吸引顾客续订，提出这样语气坚决的全额退款保证："如果在您续订《价值》这段时间，它没能协助改善您的财产增值情况的话，尽管告诉我们，我们马上将您所付的订阅款项全数退回。"这样的保证对杂志社而言是颇具风险性的，但也正因如此而对客户有很强的说服力，使其对杂志的质量充满信心，并且感到自己的消费是有保障的。

2. 提供服务承诺

• 室内保洁连锁公司

某室内保洁连锁公司发现，在清理家庭与办公室时偶尔会发生意外，导致顾客财产遭受损失。有一次，保洁员将一座陶制雕像意外撞破后，主动将情况告知屋主，在郑重道歉之余，也表示要把它带回，换一座新的寄回给客户。公司也提出别的方案供客户选择，包括修理雕像，或是赔偿损失。屋主选择了换新，于是在一周之内，客户就收到一座全新雕像。

• 美国国民城市银行

许多信用卡用户都会对信用卡账单上的数字产生疑问，而在美国国民城市银行，这样的疑问可以得到迅速解决。如果客户信用状况不错，而错账金额低于25美元，该银行会马上将这笔款项销去。客户不用填写表格，不必担心被多扣利息，也不用提出任何证据，就可安心享有银行所提供的服务保障。

◆ 用奖励牢牢吸引客户

奖励是吸引客户的重要方式，以下练习或许能帮助你了解为何每位客户都值得奖励：把你这个月、这一季度或这一年交易量最大的12名客户列出来，试着追溯他们当初跟你第一次接触的情况。

你会发现，这些大客户当中，一开始就准备大量下单的人可谓少之又少。客户刚开始和你接触的时候，往往是来打听一些关于产品的事，而他们此时可能根本没有买东西的打算，或者准备先订购少量产品以观后效。

这一事实告诉我们：那些订购量很小或者随意打电话来打听一些消息的客户，其实有可能成为大客户。既然如此，那为什么不从开始就以对待大客户的方式对待他们，对他们给予奖励呢？

所有客户从接触你的公司那一刻起，就值得加以奖励。这份奖励不见得要有多贵重，但必须能体现出你对他们做出这个选择的真诚感谢。以下是一些简单而经济的奖励方式，可供参考。

1. 回馈老客户

• 林肯汽车

福特公司在推销"林肯系列"高级轿车时推出了"特别感恩"优惠活动。如果客户曾买过林肯 1986~1998 年份出厂的轿车，现在要购买或租赁新的林肯车，可立即享受 1000 美元现金回馈。

该公司一系列回馈老客户的奖励措施带来了显著的效益。1997 年波克公司针对高收入家庭进行的一项调查指出，林肯汽车的用户忠诚度排名第一。

2. 建立客户名单

美国一项调查发现，有 80% 的客户对于公司取得其个人资料的手段以及用途感到担忧。因此，如果你想让顾客提供他们的个人资料以帮助你建立客户名单，最好先向客户说明清楚：你准备如何运用这些资料，有哪些保密措施。以企业家读书会为例，他们就有严格规定，绝对不准转卖客户资料或拿来作为交换条件。

此外，客户资料就等于自己企业的一笔财富，这是每个人都明白的事实。所以当你向客户索取资料时，最好有所回馈，例如免费赠送定期通讯、给以特别折扣等等，而且要让他们能够即刻享受这些回馈。

• 美国波斯寝具织品批发公司

如果不知道客户姓名，你根本无从表示感谢。美国波斯寝具织品批发公司便借折价券来认识顾客。若要使用这家公司的 9 折优待券，必须先填好上面的顾客资料，包括姓名、住址、联系方式等。该店据此建立客户名单，并经常寄出"嘉宾优待券"吸引他们回流。

• 美国鹿池酒店

从亚特兰大起家的美国鹿池酒店，之所以能经常带给顾客意外惊喜，在于员工们擅于利用各种方式获取顾客资料。这间年营业额 10 亿美元的服务业龙头企业，要求常客填写个人喜好问卷，作为优化客户服务的依据，例如提供顾客喜爱的水果、赠送旅行专用鞋袋，或备妥个人偏爱的报章杂志。酒店工作人员拿到问卷后，随即把资料输入客户档案数据库。当顾客再次光临时，工作人员便按照数据库中的资料为顾客提供无微不至的服务，由此使得越来越多的人成为该酒店的忠实客户。

3. 吸引客户持续购买

- 默克药厂

默克药厂规定，凡购买价格不菲的新药品的顾客，可以获赠更多产品，只要购买4包该产品，把包装上的产品条码连同收据一起寄回，便可收到一盒18粒装的免费赠品。

- 俄州利特尔酒店

一张礼券是许多客户跑到俄亥俄州利特尔酒店消费的原因。为了吸引回头客，酒店工作人员会在客人办理结账手续时建议他们购买礼券，无论自用或送礼都相宜，且价格仅为定价的8折。

4. 采用累积消费优待方案

- 家家乐咖啡店

建立会员俱乐部、采用累积消费优待方案，是培养忠诚客户的普遍手法。亚利尔镇的咖啡厅多不胜数，在白热化的市场竞争下，家家乐推出"咖啡俱乐部会员卡"，规定顾客每买半磅或1磅的咖啡豆，就可以在卡上几分，积累到一定数值时就能享受优惠条件。家家乐咖啡厅就靠这种手段，在亚利尔镇立于不败之地。

- 布希主题乐园

"布希主题乐园热切希望你再度光临……就是明天。"当顾客畅游一天准备离去时，工作人员会无条件赠送一张入场折扣券，假如你第二天再度光临，可折价11美元。以一张全票30多美元来说，这项折扣幅度不可谓不大。

5. 承诺买回商品

你真心希望顾客持续购买你的产品吗？你可以付钱把当初他们买走的产

品再买回来。这个想法听起来很疯狂？可是汽车租赁不正是如此吗？车主把车子"买走"使用一段时间，然后退回给公司，公司以折旧价将车子"买回"。其他公司也可以效仿此类做法，吸引客户回流。

• 盖特电脑公司

全球第二大电脑商盖特公司，愿意从你手里买回过时的盖特电脑，只要你准备向他们另买一台新的。该公司的营销方案当中，有一项"免淘汰计划"：顾客现在购买的新电脑，在 2 到 4 年内可拿回公司折价以旧换新。公司会根据新版的奥里翁蓝皮书决定旧电脑现在的市场价值，而折抵的金额必须用于购买本公司的新电脑。通过这一手段，便能锁定这些顾客再次上门购买产品。

• 威廉斯堡旧书交换中心

美国的每个社区似乎都至少有一家二手平装书店。加州某镇上有家威廉斯堡旧书交换中心，和其他书店一样，店里的生意主要仰赖常客回流以支撑。为了吸引回头客，该店推出一种以物易物的制度：顾客可以拿二手书到店里交换相当于原书售价 1/4 的信用额度，累积的额度可购买书店所有存货，而这些旧书的售价则为原来定价的一半。于是，借着一再买进客户"已购买使用"的商品，该书店实现了顾客的不断回流，生意因此蒸蒸日上。

◆ 顶尖客户特别对待

大多数公司的收益情况遵循所谓的"帕特"原则：顶尖的 2 成客户为公司带来大约 8 成的业绩。针对这 2 成交易额最大、忠诚度特别高的顾客，公司理应予以特别对待和额外奖励。

许多公司都对顶尖客户采取优待政策，并采取了不同的回馈办法，例如赠送礼品、提供优惠价格和增值服务等。这些优待政策在奖励客户的同时，也不忘激励客户进一步增加消费。

1. 提供特别礼物

• 全美航空公司

美国第六大航空公司全美航空公司，总是为会员提供更多优惠条件。除了可以极大折扣价格拿到座位升等，该公司经常提供的免费升级更是名闻遐迩。经济舱乘客若开口询问有无可能升级，很可能便坐到了头等舱，航空公司对他们的重视在此表露无遗。

• 皇冠假日连锁酒店

皇冠假日连锁酒店为常客们提供的贴心服务之中，有一项非常适合搭机出差的商务旅客。该旅馆全部 60 家分店都设在机场附近，并提供"您的住房已预备妥当"服务：客户半夜下飞机之后便可登记住房，并于早晨再结账离开。这种服务对换乘飞机的旅客极为便捷，具有很强的吸引力。

2. 奖励购买频繁的客户

• 温迪克西连锁超市

购买次数也是认定最佳客户的重要标准。温迪克西连锁超市以一项为期 5 周的活动，来吸引忠实顾客上门。凡连续 5 周每周至少消费 50 美元、总额达 250 美元的消费者，凭购物小票可获得一张 50 美元的购物礼券，由此吸引顾客不断前来购物。

• 大通银行

许多信用卡公司不计消费次数，只要刷卡购物便回馈固定额度。相对于此，大通银行的卡丝伯利金卡，则是特别针对刷卡次数频繁的客户。如果你每月消费额度满 200 美元，奖励办法便是自动退回消费与预备现金总额的 1%，并外加 1 成利息。一旦回馈总额累积到 500 美元或连续达 3 年，该公司便赠送客户支票一张。

3. 给予特别优待

• 美国国家银行

让顶尖客户感受到公司重视的另一种途径，就是为他们设计独享的优待办法。美国国家银行即针对某些顶尖客户创立了一套特别优待方案，这些客户与该银行的交易额，远较一般客户平均水准为高。他们可获得免费支票、一个免费保险箱和免费的网上银行服务，还可享受优惠贷款利率。此外，对于汇票、电汇等一般业务，也都免收服务费。

- 赛维丝酒店

位于纽约市中心的赛维丝酒店根据营业额找出最重要的2成客户，为他们推出"赛维丝黄金贵宝俱乐部"服务。会员专属权益包括：房间升级、免费早晚餐、住房保证。该酒店要求这些顾客填写一份个人喜好问卷，好让他们在自己的21家连锁店都能享受到最贴心的服务。

◆ 交易手续简单化

销售者在和客户做生意时，应尽量简化交易手续。这一点听起来很简单，但事实上却有很多公司没有做到这一点，导致客户对繁杂的交易手续望而生畏。

简化交易手续是吸引客户的绝佳手法。对顾客而言，这项因素所占的重要性可能超出你所想象。

便利性对客户而言是非常重要的。懂得顾客需要"方便"的公司，会设法通过节省时间而赢得客户，而时间乃是客户最重视的资产。

1. 简化作业流程

- 联邦快递（USP）

联邦快递公司奉行KISS法则，也就是"让业务往来极其简单"（Keep It So Simple）。联邦快递发明可重复使用的快递信封袋时，所遵循的就是这条法则。许多寄送需要签名文件的客户——诸如银行、证券商、律师——都对这种新包装十分满意。有了这个新包装，顾客只需要签好文件放回信封，再撕开第二层贴条把袋子封好，就可直接寄回，而无需使用新的快递袋重新包装。通过便利的服务，联邦快递公司吸引了许多忠实客户。

联邦快递还提供给客户免费的网上办公软件，该软件可储存地址、印制标签、自动计算运送费用、追踪包裹寄送记录。此外，公司还将包裹状况以电子邮件形式发送给客户，包括寄发日期、件数清点、内容、重量等详细资料。

联邦快递的第三项便捷服务则是联邦快递文件交换方案。它可将任何数字化文件，经由网络以全球各地可读格式传送，所需安全程度则由客户选择，客户可以全程追踪包裹递送状况。

2. 增加便利性

- 海维连锁超市

海维连锁超市旗下门店已超过200家，在美国中西部势力愈来愈大。该超市吸引顾客的手段之一，就是提供非常省时的一站式购物体系，把食品店、各项杂货及餐饮融为一体。超市里附设餐厅，所以购物者可以选择买材料回去自己烹调，或在这儿的餐厅坐下来享受一餐，或者外带食品回去吃。针对一些忙得连停车时间都没有的客人，他们也特地准备一扇窗通向路边，以服务开车族。此外，超市里也设有银行网点、花店、摄影店、录影带出租店、干洗店等，满足顾客的更多消费需求。

- 山姆会员俱乐部

美国山姆会员俱乐部的确是便宜购物的好地方，但它们的会员卡却不许借给他人，就连直系亲属也不例外。所以，想到这里购物，就必须和持卡人一起来，不然就不能享受优惠折扣。然而最近该俱乐部有了变通：会员可为配偶或某位亲友申请附卡，有效期1年。此举对消费者而言非常方便，同时能为山姆会员俱乐部带来巨大利益：一旦附卡到期，必须缴费才能续用，而习惯于此项便利服务的顾客多半会付费。

◆ 主动出击争取客户

推销员争取客户必须主动出击，只要一有机会，就带着产品去拜访客户，向客户陈述购买你的产品的理由。这样做并没有什么不妥，实际上，忙碌的顾客反而会认为这项服务相当贴心，因为他们自己实在没时间留意最新的产品信息。愈来愈多的企业了解到，最佳的客户服务，就是要在客户需要时把产品及时送达。

推销员主动出击争取客户时，需要遵循以下原则：

• 要速战速决，不能浪费客户的时间。

• 介绍产品时直接说明重点，一开始就清楚阐明产品能给客户带来哪些利益。

• 寻求客户的回应，确保客户可以很容易联络到你。

1. 随时随地提醒客户

• 电动牙刷公司

有没有想过，厂商如何处理顾客寄回的保证卡？生产电动牙刷的公司利用它，让顾客不断回购新的牙刷头。公司收到顾客寄回的保证卡之后，会马上把一份"下次购买牙刷头折抵5美元"的折价券寄回给顾客。保证卡还具有另一项功能：顾客可选择先买牙刷头，再寄回保证卡索取现金回馈，或者是利用免付费电话订购，马上享受优惠价。

2. 让客户看到你的产品

• 通用汽车

要想唤起客户的购买欲，你要把产品直接带到他们面前。通用汽车所属的高级车系凯迪拉克在这点上就做得非常彻底。凯迪拉克经销商会把新车送到客户指定的任何地点，也乐于跟客户约在任何地方签订租赁或购买合约，洽谈以旧车换购新车的条件。如果客人还不确定凯迪拉克是不是最理想的选择，经销商还愿意把车子送到客户家，让顾客尽情试驾几天。一旦谈妥，交车的地点、时间都可以任由顾客挑选。

◆设法满足客户需求

公司要想赢得忠实客户，必须深入挖掘客人的需求，并设法满足。要满足客户需求，有3个原则：

- 倾听客户的心声。倾听客户心声可采取多种形式，例如面谈、问卷调查等，重点在于要妥善运用得到的信息，以此为公司改进产品、改善服务的依据。

- 提供客户想要的产品。如果聆听客户心声之后毫无行动，那根本就是浪费客户与自己的时间而已。一旦确定了客户对产品的需求，也就是立刻行动将其满足的时候。

- 按照每个客户的需求定制产品。现在，几乎每样东西都可以按需定制，以满足客户的个性化需求。

1. 倾听顾客声音

- IBM 电脑公司

电脑巨子 IBM 曾失意多年，但最终东山再起，再度恢复霸主地位。它之所以能做到这一点，凭借的就是聆听顾客心声。现在，以 20 名顾客组成的"顾客咨询委员会"经常出息 IBM 公司的会议，而他们的意见对 IBM 目前的产品线及未来的生产计划，都有相当深远的影响。

这家电脑厂商也通过电话访谈来增进对顾客需求的了解。生产线上的职员有一项短期任务：利用 3 个月时间打电话给最近成交的买主，询问刚买的电脑有哪些让他们满意之处和不满之处。

2. 满足客户需求

- 西蒙舒斯特出版社

一旦知道顾客想要什么，就拿出来给他们，这是西蒙舒斯特出版社的经营原则。过去一碰到绝版书，顾客就头大不已，为了解决这一问题，该出版社采用最新技术，成立"需求生产中心"，随时满足顾客对绝版书的需求。该高速印刷中心每年印制大约 150 万本绝版书籍，最小印数甚至有 1 本。

- 达美乐比萨饼连锁店

达美乐比萨饼连锁店的新包装使用"划时代"的材料，成本高昂，约值 90 美元，而为了存放这批新包装，达美乐还改装了各门店的装备，每家店成本约 4000 美元。为什么这么大费周章？这是为了要让比萨饼送到顾客手里时，还像刚出炉的一样,仍然保持热气腾腾的状态,让顾客获得最佳的用餐体验。

◆给客户提供优质服务

公司要想成功,必须把焦点放在客户身上,将"顾客焦点法则"视为公司的核心理念,由上到下加以贯彻,用优质的服务培养忠诚的客户。

肯·布兰佳与雪尔登·包乐斯在两人合著的《顾客也疯狂》中提出创造忠诚客户的"三部曲":

- 为公司的服务水平设定一个完美的目标;
- 询问客户的需求,并将其列入目标;
- 满足客户的需求,不断改进目标。

1. 公司领导者以身作则,服务客户

- 美国西南航空公司

美国西南航空创始人兼 CEO 凯立尔总是以身作则,鼓励员工全心全意把顾客服务做到最好。当凯立尔听说达拉斯有一班学生全部都没乘过飞机时,他便送给每人一张奥斯丁来回机票,甚至还免费带他们参观德州首府。

此外,每年到了感恩节这个出行高峰期,凯立尔总会出现在达拉斯机场,与地勤人员并肩工作一天。这位 CEO 可不是只来做做样子,在他的带领下,西南航空的地勤人员可以在短短 20 分钟内完成起飞前的一切准备工作,包括加油、卸货、重新装货、整理座舱、补充所有装配等,而其他航空公司完成整套流程大约需要两倍时间。

- 大陆物流运输公司

大陆物流运输公司了解客户的方法,就是竭尽所能去接近他们。只要客户公司有股票上市,大陆公司 CEO 海森都会买一点,通过客户年度财务报告及企业通讯,了解客户公司的经营状况和业务需求。海森还会将每张股票加框装裱,放在公司前厅作为装饰。海森说,此举不仅使客户印象深刻,同时也让未曾见过公司客户的员工们了解:他们的服务对象是怎样的。

2. 以客户为业务中心

- 美国西南航空公司

美国西南航空始终致力于提升员工服务水平，以获得顾客的长期支持。该公司不断为员工举办服务类课程，例如"关怀顾客"，并针对同样主题定期召开研讨会。从准点率、行李处理、消费者满意度这几个方面而言，西南航空都得到了顾客的认可，连续赢得"表现最佳航空公司"的肯定。

3. 奖励服务能手

- 马略特饭店

马略特饭店会举办年度颁奖活动，奖励具有卓越服务表现的员工。该饭店1989年设立的蒂费尔奖，是特别嘉奖"提供卓越的服务给客人及其他同仁者"，公司CEO马略特先生如此强调。该连锁饭店另一项服务优异奖——马略特奖，颁给在工作中积极实践公司价值的员工。

第八章
推销中的问题和误区

"以铜为鉴，可以正衣冠；以史为鉴，可以知兴替；以人为鉴，可以明得失。"以推销员在推销过程中的失败案例为"鉴"，可以帮助我们吸取教训，避免再犯同样的错误，不断提升销售力。

推销中的心理误区

在许多励志书中，都有这么一个论点：你心里想成为什么，你就会成为什么。心理决定行动，而行动决定成败。许多失败的推销案例，都是由推销员的心理误区导致的。

◆ 半途而废

美国一家金矿公司在开采某一金矿多年之后，公司的董事会、技术人员和工程师们一致认为该矿区已经开采殆尽了。

于是，公司计划封闭这个矿区，然后移至其他地方另行开采。公司中只有一位行政经理表示反对，他坚信矿区里仍有金矿，将它封闭并开采另一个矿区是极不明智的做法。与会的其他人都讥笑他的结论。最后，公司仍决定维持原计划将矿区封闭，而那位行政经理却坚持认为矿区里仍有金矿，于是他向公司出了一个价钱，准备买下这个矿区。

但是，他并没有足够的现金向公司购买那些开采金矿的重型机器。董事会同意将矿区卖给他，却不同意将开采的机器租借给他，除非他能凑到公司所要求的那一笔现金。那位经理权衡了一下，决定即使在没有开采机器的情况下，仍然要买下那个矿区。买卖成交之后，双方皆大欢喜。然后，那位经理以及他的太太和三个小孩,带着铲子、独轮手推车和十字镐开始了他们的掘金之举。

他们一家都是基督教徒,所以每逢星期日,便会放下工作到教堂作礼拜。当教友们彼此问安时,有些人就会问道:"上星期你们挖到金子了吗?"他们会回答说:"还没有。谢谢你们的关心。"

当他的太太到店里买东西时,也有人向她问道:"你们昨天有没有什么收获呀?"她会回答说:"还没有,谢谢你们的关心。"

当他的孩子们在学校的时候,他们的同学也会问道:"你们的爸妈昨天挖到金子了吗?"三个孩子答道:"还没有。谢谢你们的关心。"

这样的情形持续了数月之久。他们一家人都非常努力地工作。可是有一个礼拜日这家人竟然没有任何一个到教堂礼拜,整个教会的教友们看着那些空位,不禁担忧这家人会不会遇到了什么事。教会的牧师是位非常关爱别人的长者,他提议大家在做完礼拜之后一起到那位经理家中去瞧一瞧,看看他们一家人是病了还是他们终于挖到金子了。于是,在礼拜结束之后,牧师便带着所有的教友们动身到金矿区去了。

他们到达之后发现整个矿区一片死寂,没有任何人在那里工作。独轮手推车被翻了过来,十字镐扔在地上,铲子则被散置在各处。

教会里的长老们大声喊叫说:"请问有人在吗?"但是没有人回答。于是,所有的教友们又一齐大声地喊叫了一次:"请问有人在吗?"仍然没有人回答。他们一行人又转过一个角落,这才发现了这家人的住处,那是一间小茅屋。一位教会的长老见门半开着,于是走到门口又向里面大声叫道:"请问有人在家吗?"这一次仍然没有任何回音。于是,他将门推开,屋里的景象令教友们都大吃一惊:那位经理的尸体躺在地上的血泊中,他的一只手握着一把手枪,另一只手则握了一张纸条。很明显,他自杀了。在大家检视他的尸体之前,牧师觉得事情另有蹊跷。于是,他快步走向卧室,发现经理太太也已经气绝身亡了。

突然有人喊:"糟糕,那么孩子们呢?"教会的长老大叫:"快检查另外一间房间。"某人于是推开了另一个房间的门。

一位女士见到房间里的惨状，不禁哭道："噢！我的天啊！怎么会这样呢？"教会的长老最担心的事终究还是发生了。当长老进到房间时，他看见一个女人拥着其中一位孩子哭道："噢！我的天啊！怎么会这样呢？"她一直不停地哭，原来三个孩子也全部身亡了。

又有人大声叫道："快到这里来！"于是一群人又回到客厅，原来有人把字条从经理的手中拿了出来，一位长老将字条转交给了牧师。

沾满了血迹的字条上写着这样的话：

"亲爱的朋友们，我实在无颜再见各位。公司的人说这矿区里没有金子，他们说的没错，是我太天真太固执了，竟然愚笨到认为矿坑里还有金子在等着我们。

"对于那些借了许多钱给我做启动资金的人，我深表歉意。我知道自己再也无法偿还这些债务了。我相信神会因你们的善良和信心更加倍地祝福你们。

"对于那些给我们支持与鼓励的人，我也要谢谢你们，愿神也祝福你们。

"我无法忍受家人因为必须偿还我的债务而经历更多的苦难，所以我别无他法，只有带他们一起走。永别了！"

接下来的那个礼拜日，教会为这个家庭举行了一场特别的弥撒。在那之后，再也没有人提起这个家庭，因为这个悲剧实在太令人悲伤，所以大家再也不愿想起这件事。不久之后，这件事慢慢被人淡忘，而矿坑也被封了起来，没有任何人胆敢靠近。

两年后，一对夫妻来到了镇上。他们到教会时，教友中有人问这对夫妇说："你们夫妇俩怎么会到这个沉寂又偏远的小镇来呢？"

他们的回答就像一把利刃刺穿了众人的心："我们是建筑承包商，有人以一个相当不错的价钱卖给我们一个荒废的矿区，我们已有人起拟草案要将矿区填平，然后在上面建造一座超级市场。"

这对夫妇所提的矿区正是一家五口葬身的那个矿区，众人立刻都沉默了下来，因为这席话勾起了他们对那一家人痛苦的回忆。

一个星期之后，重型机械和工人相继抵达了那个废弃的矿坑。工人们首先要用开凿机凿穿坚硬的石头，这项工作持续了一小时之久，石壁却仍然无法穿透，工头于是下到坑洞内去查看石壁上的洞，发现那个洞已经有四英尺深了。当他踏进那个洞里的时候，发现那里竟是满满的金矿石。

如果那位经理和他的家人再用他们简单的工具用力地挖上八小时，他们就会找到金矿。事实证明，那位经理太早轻言放弃了，而我们又可以从这个故事中得到什么样的教训呢？

作为推销员，我们每一个人都有自己的梦想。无论那是个什么样的梦想，无论那梦想是小还是大，都是需要时间才能实现的。

有些人花了5年、10年、15或20年的时间才实现了他们的梦想，还有些人要花上一辈子的时间才能圆梦。

你的梦想是什么？无论你拥有什么样的梦想，你一定会遇到挑战，碰到阻碍和困难，此时最重要的一点是你千万不要轻言放弃。

每一次具体的推销过程，同样充满了艰难险阻。有时就是在交易即将达成的时候，你的客户突然与你中止交易，甚至不告诉你原因，让你感到痛苦迷茫，自信心倍受打击。

此时你该怎么办呢？只能选择放弃吗？答案当然是否定的。请记住在你尽全力之前，千万不要轻言放弃。甚至当你认为自己已经尽了全力的时候，不妨鼓起勇气再试一次，也许成功就在前方等待着你！

◆心态不积极

有些推销员抱怨说："我的业绩不好并不是因为我能力差或者不够努力，实在是因为市场不景气呀！"还有些推销员抱怨说："我们的经理对推销一窍不通，他只会给别人施压而已。"

有些推销员业绩不好，就归咎于各种客观因素，他们认为只要改变公司制度、撤换部门主管、更换上级领导或换一种新的产品，就能让自己业绩提升。但是他们唯独不想改变自己。这样的心态，就是典型的负面心态。

心态是你面对世界、面对自我的一种态度。因此，如果你想改变自己或换个环境，你必须先改变自己的心态。当你有负面的心态时，你所表现出来的行为多半也是负面与消极的。因此，你无法得到预期的结果。如果你真的想在推销事业中做出一番成绩，首先你必须拥有积极的心态。因此，不要再用"我办不到"这句话来作为你的借口，而要树立目标，然后付诸行动，告诉自己"我办得到"。

美国加利福尼亚州的查理是一位在不动产业界白手起家而取得成功的人。他的成功正是因为他拥有正面心态。

目前他手下有两千多位推销人员在为他工作，同时他也要求每一个人都要拥有积极的想法和工作态度，这样的积极心态为每一个员工带来了许多的好处。

查理在激发员工潜能这件事情上很执着，他相信每一个人生来都有机会成功。此外，他也相信每一个人都该被赋予同样的机会。因此，他希望每一个员工都拥有积极正面的心态，希望每个人都能以此为他们的座右铭。

所以，当不动产行业里的其他同行还在思索如何突破困境时，查理的事业却蒸蒸日上。查理的经历告诉我们，要以正面心态对待工作、对待生活，成为一个拥有希望、自信和积极态度的人。

当你在困难面前产生"我办不到"的想法时，你必须主动地问自己："怎么会办不到呢？"你会因此看到一个全新的自己，一个拥有积极态度、意志坚定的自己，一个遇到问题找解决办法而不是找借口的自己。

只要你有足够的决心和勇气，你可以成为一位赢家，那么为什么还要选择成为失败者呢？同理，你已经了解到积极态度和想法的好处，为什么还要选择负面消极的心理及做法呢？

从现在开始，你要以正面的心态思考每一件事，以积极的态度对待每一件事。如果你能做到这一点，请你奖励自己。相反，每当你发现自己消极、萎靡不振时，请你告诫自己，尽快振作起来，找回积极的心态。

为了养成积极的心态，你可以找一位自己信得过的朋友，告诉他你希望从此以积极的姿态去面对一切，并请他来监督你的一言一行，见证你的改变。你不妨和朋友订一条规则来帮助自己达到这个目的，例如每当你说负面的话或行事消极的时候，请你的朋友来提醒你；而每当你有积极的表现时，也请他表扬你、鼓励你。久而久之，你就会养成以积极心态面对一切的习惯。不久之后，你将看见一个拥有积极心态的自己驰骋在成功的大道上。

◆ 推卸责任

在推销业中最常见的一个错误，就是推销员在交易失败后推卸责任，将原因推到其他人身上。例如，经常有推销员四处抱怨下列这些事情：公司的产品有瑕疵，或公司服务部门工作不力……但是他们却从不反思自己的责任，不去反省自己在推销过程中有哪些失误和考虑不周之处，因此在下一次推销过程中还是会犯同样的错误，很难长进，还会为他自己、产品及公司的形象带来负面影响。

一个具有专业精神的推销员应该尽力地维护他的公司、老板、上司以及其他与这笔生意有关的人的形象，而不是靠破坏这些人的形象来转嫁问题，推卸责任。

比如当客户抱怨你销售给他的空调在质量上有问题时，你若不是设法弄清原因、做出解释并且向客户道歉，而是当着客户的面大力抨击空调的设计者或质检人员，那么你在贬低公司的同时也是在贬低自己，甚至客户也可能因此而轻视你。此时一个合格的推销员应该对客户说："对不起，我相信对于这个有缺陷的产品，公司方面一定会给您一个满意的答复。我会向公司报告这件事，然后再回复您。这位先生，我再一次代表公司向您致上我们最深的歉意。"这样做才是尽到了推销员的责任和义务，才是对客户负责。

决定成败在于细节

推销的艺术是细节的艺术，推销员的所有行动中只要有一点偏差，就可能引起客户的不快，进而导致交易失败。那么，有哪些细节上的错误是推销员必须警惕的呢？

◆不守时间

你以前一定也有过等待他人的经历，而且，你会记得那次事情所带来的不愉快的感觉，更别谈你所损失的时间了。

所以当你的客户和你约定时间见面时，千万要准时赴约。如果你确有特殊原因无法按时赴约，记得一定要先打电话向客户说明原委，以求得到谅解。

当有些推销员在与客户见面时迟到，他们或许会这样为自己辩解："我手头有太多的事情要做。"但对于一个推销员而言，还有什么事比赶去与客户见面更重要的呢？做事要分清轻重缓急，如果你以"手头有太多的事情要做"为理由而失约，那么客户就会认为你根本就不看重你们之间的约见，他会因受到你的轻视而恼怒，你很可能就此失去这个客户。

时间就是金钱。每逝去的一秒钟都不可能再回头。成功的推销员之所以成功，就在于他们能将时间完全充分地利用。

既然时间如此重要又宝贵，为什么不适当地安排好自己的时间，以便执行自己的工作又不浪费旁人的时间呢？只要一本简单的效率手册，就可以帮助你做到上面的事了。你应该凡事都计划好并且准时去做，如此方为上策。

◆找错推销对象

推销员投资了不少时间、精力和金钱在某位客户身上，到头来却发现找错了对象，对方根本就不是一个拥有表态和下订单权力的人，这对推销员来说，是一件难过的事。有一位推销员曾经讲述了这样的经历：

几年前，我在《南方××报》发行公司跑征订业务。那年夏天的一天，我在一个工业区争取了两个订户，心里很高兴但又不满足，于是我又拜访了附近另一家公司办公室，想乘胜出击，再多找出一位可能订报的客户。当我一踏进那间办公室，我立刻注意到在办公室的角落里坐了一位年轻人。他对我微笑，于是我也还以一个微笑。我对自己说："这桩生意一定可以成交。"

我走到年轻人的面前，用最热诚的方式握了他的手，然后介绍了我自己。他也同样地握了我的手，并且介绍他自己。接下来，我们便聊了起来。在谈话中，我从他的回答中得知他是公司的主管级人物，而且该公司非常有可能会向我订阅二十份《南方××报》。

当时已接近午餐时间，所以他建议吃完饭再详谈，我觉得他很有诚意要订阅这份报纸，所以我主动请他到附近的一家餐厅吃饭。吃饭时，这位主管向我提到折扣的问题。毕竟这是一个大订单，我告诉他我必须有公司的许可才能答复。在吃完午餐之后，我和他约了下一次碰面的时间。

之后，我很高兴地回到发行公司，写了一份报告，并且和负责的站长讨论了一下这件事。他告诉我如果我给对方折扣，其中的差额必须从我的提成里面来扣除。我同意了这个方案，因为我更在乎的是能否达到自己的目标。

重要的时刻终于到来了，约定的那一天我又骑车到那个工业区，并且再度造访那位主管。

这一次，我们又继续了上次的谈话内容。这次的会谈时间虽长，但一切都进行得还算顺利。又到了午餐时间。为了表示礼貌，我自然又邀他共进午餐。当他听到这个提议时，随即问我是否可以请他的太太也一起来吃饭。为了不失去这笔生意，我答应了。这次的花费当然比上次多，但我仍然对这笔生意充满了期待。

吃完午饭之后，我交给这位主管一份报价单。他说几天之后会打电话给我，落实订报的事。我几乎把一整天的时间都花在这位客户身上，因此也没有拜访其他客户就回家去了。

一星期过后，我仍然没接这位主管的电话。于是我主动打电话给他，这时才发现原来那位主管已经辞职不干了。当我想寻找那份报价单时，他们公司里竟然没有任何人能够找到，有人告诉我不妨和负责的经理谈一谈。

当我把事情的来龙去脉向这位经理解释之后，经理对我说："年轻人，当时和你谈话的那个人根本无权代表公司下任何订单，我看你是找错对象了。"听了这番话，我觉得懊恼极了。因为我没有预先做一些调查的准备工作，而使自己白白地浪费了许多时间、精力和金钱，真是太不划算了。

我回想了一下自己所犯的这个错，发现自己在这件事情上压根从来就没有仔细想清楚过。很明显，我是敲错了门也找错了人，找了一个根本无权决定任何事的人瞎忙了一阵。这一切都是因为我忽略了做调查的缘故。

为了避免和上述案例中的推销员有同样的遭遇，在你拜访任何一位可能的客户之前，请预先做一下调查。你不妨问自己下列这些问题：

（1）这个人是你要谈生意的对象吗？

（2）他（她）有权作决定吗？

（3）这家公司真的需要我的产品吗？

（4）他们现在正在用的产品是什么？

（5）谁是这个产品的供应商？

先把这些问题的答案确定了，你才不至于在造访客户时浪费你的时间。当你寻找推销对象时，不要显得过于急躁，一定要找到你真正要谈生意的对象，否则你的一切努力都是白费。

◆浪费客户时间

得到客户的支持和信赖是推销员所应追求的目标，推销员要和客户建立起亲密友好的关系。但许多推销员并不知道做这件事的适当时机，他们通常选择在生意成交之后来经营与客户的关系，这种方式极不专业。

时间就是金钱，这是放之四海而皆准的道理。你的客户在尚未购买你的产品时，也许可以花几个小时与你交流、沟通，因为他想更多地了解你所推销的产品，以便决定是否购买。但是一旦他购买了产品，他可能就要忙其他的事了，如果你在此时仍磨磨蹭蹭、不愿离去，试图与客户进行更多的交流以增进彼此之间的感情，那无疑是浪费客户的时间，甚至会让客户后悔自己的决定。

生意成交之后，你还有许多善后工作要做。如果客户需要你的售后服务，你要第一时间满足客户的需求。但是如果客户暂时没有需求，你就该真诚地谢谢你的客户，然后马上离开，去拜访下一个客户。

◆ 没有目标

一艘没有舵的船的命运注定是随波逐流的，它很难到达彼岸。一个没有工作目标的推销员也是如此，许多事实足以证明这样的推销员很难取得出色的业绩。

许多推销员被教导要为自己的工作制定目标，虽然他们知道这件事的重要性，可是有些人并没有真正把制定目标的行动落实到自己的日常工作中，而是仅仅将其当作一种形式，或者只是为了应付公司的要求。事实上，目标不是用来应付他人的形式，它是成功的蓝图，能为个人的工作带来实际的引导作用。没有目标的推销员，是注定难以取得成功的。

确定了目标，你才能发挥你的潜力，事业也才能逐步推进。如果你设定了目标并且有很强的信念要去完成它，你自然会找到努力的方向，并坚持不懈地朝着这个方向前进，以期早日达到最后的成功。

为了明确目标，你可以将你的目标写出来，然后定一个期限来完成它。你还要详细写下为了完成目标所必须投入的精力和必须做的事。最后，不要再耽搁了，现在就去为你的理想行动吧！而且千万不要等到你认为自己已经准备就绪了才有所行动。成功的人在制订了目标之后，就会立刻开始着手去做。最重要的是现在，而不是明天或下个月。

◆不重视售后

解放前,在北京的天桥一带,许多小贩在卖一些草药和由一些从动物身上提炼出来的油膏。每当路人们被锣鼓声和喇叭声聚在一起时,那些小贩就会表演许多我们今天在功夫电影里才会见到的特技来娱乐大家。然后,就有人开始购买那些草药和油膏。

现在,我们很少看到这类的小贩了,这个行业正在渐渐地没落。一方面是因为顾客希望得到良好的售后服务,而这一点恰恰是"打一枪换一个地方"的江湖小贩所不能提供与保证的;另一方面也是因为现在的顾客对推销员及其产品和服务的要求更高了。他们不但要求推销员有专业背景,更会要求产品的品质。他们并不介意必须多花一些钱,但是有一件事他们是绝对在乎的,那就是推销员要保证有良好的售后服务。

如果你的客户对你推销的产品及售后服务质量感到满意,他们就会向自己的朋友、邻居和亲戚推荐你的产品了。这才是推销员的成功之道。

有些推销员之所以不能赢得客户的信任,可能就是因为没有向客户提供售后服务的保证。今天,在这个竞争激烈的销售市场中,我们唯一的可以使自己的产品脱颖而出的方法,就是凭借良好的售后服务来提高客户的满意度。

所以,从推销活动一开始,你就要向客户保证你会提供良好的售后服务。有时候,不妨做些事来证明你所言不假,并且加深他对你的服务的印象。你可以问他是否有你能为他处理的事情,例如提供给他某项服务或是帮他查一下公司的某项产品。要想向客户证明你值得信任,就要去做你所答应过的事,这样才能让他相信你的售后服务绝对是有保证的。

◆性格急躁,缺乏耐心

如果推销员性格急躁、缺乏耐心,在与客户打交道时匆匆忙忙、慌慌张张或总是催促客户，就可能因此失去许多交易的机会。

"某某先生，我们的特价活动只持续到明天，明天之后恐怕不会再有这么优惠的价格了，您最好现在就下订单……"

对推销员这种毫不顾忌他人想法的推销，客户通常会这样回答："既然如此，那就等下次特价的时候再说。没关系的，我一点都不急着要这个东西。"

现在你看到性格急躁、缺乏耐心的结果了吧！这个推销员想用特价来诱导客户立刻购买他的产品，岂知这种高压式的推销技巧效果却适得其反，导致自己的推销活动难以进行下去。

在生活中缺乏耐心的人常常遭遇失败，而在推销这一行，如果推销员性格过于急躁，他就很难争取到客户。

一个推销员走进客户的办公室，在自我介绍之后，将一份产品的小册子交给他拜访的客户，这本小册子里列出了产品的所有信息。通常，这位客户会走马观花地翻看一下这本小册子，然后才开始细读其中的内容。

然而正当客户在仔细阅读这本小册子的时候，推销员却在一旁急切地地谈论起自己的产品，并不时地向客户询问一些问题。客户在阅读小册子的过程中，不得不一再停下来听推销员的说明，或回答他提出的问题。因此，客户始终无法认真阅读小册子里的内容，在他整理思路以便再接下去读那本小册子的时候，他又被另一个问题给打断了思路。最后，他终于受不了这种推销方式而将小册子放在桌上。并且，他也不愿意再回答任何问题了，而是找理由把推销员打发走了。

如果你是上述案例中的推销员，当你把那本小册子拿给你的客户时，你究竟希望他做什么呢？你希望他去读那本小册子，不是吗？所以，当他在看那本小册子的时候，请你保持安静，不要打扰他，不要打断他的思路，要耐心地等他读完之后，再解答他的疑问，或是进一步询问他的情况，这样才能取得最佳的沟通效果，为双方的交易奠定基础。

◆缺乏兴趣和工作动力

当一个推销员对推销这份工作毫无兴趣也不想学习时，他会在工作上遇到许多困难，他在推销业界不可能成功。有一些推销员辛勤工作的动机可能来自于上司的奖赏，但是他们对于工作本身却缺乏兴趣。他们或许并不喜欢和客户谈话，也不去主动学习并掌握更多的推销技巧，他们机械地工作，被动地工作，很难成为拥有强大销售力的推销高手。

那么，怎样才能练就强大的销售力，成为一名推销高手呢？

简单地说，推销员必须建立起对推销工作的兴趣，而且必须用有效的方法来加强自己的工作动力。要找到自己工作的价值和意义，树立工作目标，并为目标而不断努力，总结自己在推销过程中的经验教训，同时多向其他成功的推销员学习，这样才能练就强大的销售力，成为推销高手。

◆不照顾客户感受

在推销过程中，推销员要时刻以客户为重，尤其是要注意客户的情绪和感受。如果推销员不懂得照顾客户的感受，就很难打动客户，甚至有可能使双方发生冲突。

有一位推销员曾讲述了他的一次经历：

"有一次，我在新港西路的人行道上看见一大群人正围着一个推销员，看他示范如何使用他推销的厨房用具。那位推销员口才很好，而且讲话十分清晰流畅。有时候，他会说些幽默的俏皮话，令大家哈哈大笑一番。他的示范很有说服力，吸引了越来越多的人来围观。

"接下来最重要的就是生意能否成交了。我专注地观察这个推销员要如何才能做成买卖。毫无疑问，这个推销员的产品示范是很成功的，他的每一句话几乎都可以营造出他想要的结果，他能牢牢抓住听众的注意力。

"经过详细的产品展示和介绍，他终于提到了产品的价格，而且许多家庭主妇们也已准备要掏腰包买他的产品了。但是，这位仁兄却突然说了一句话，这使得他前功尽弃——他说：'几分钟之前，那位身材胖胖的女人买了四件这个产品。（他指的那位太太正站在离摊位不远的地方。）各位先生、女士，那个女人就是因为相信我的产品确实很好，所以她还帮她的亲戚买了一些呢！"

碰巧的是，围观的人群中正好有几位体型稍为肥胖的妇女。其中有一位听到那位推销员的话之后，立刻脱口说道："你这个推销员有什么权利说你的顾客胖？你真是太没有礼貌了！"接着她们又继续说道："年轻人，你的态度真是恶劣极了。"其他在场的妇女们一听，也相继发表自己的意见，来声援刚才发言的妇人。事情于是愈演愈烈，而且有一发不可收拾之势。接下来，人群开始慢慢散去，刚才打算购买产品的顾客也纷纷离开了。

所以，推销员在和客户说话时一定要小心谨慎，要懂得从方方面面顾及对方的感受，因为有些人是很敏感的。在你想说任何话，或是引述别人的话之前，千万要三思，不要说对方不爱听的话，更不要使用那些会让人觉得被看轻或受到侮辱的字眼。

当你和客户说话时，一定要谨慎选择你的语言，更要留心对方的感受，以对方的标准去判断哪些话该说、哪些话不该说。有时你或许会觉得自己的话没有恶意，但对方却不这样认为。只要你让对方感到不快，你就很可能失去成交的机会。

◆一味放低姿态

你对推销这一行的真正的感觉究竟是什么？许多推销员在这一行业中找到了自我满足和挑战的感觉，找到了自我价值的实现途径。

推销业虽然是一种服务行业，但这不代表推销员就要对客户逢迎谄媚或进行贿赂，也不意味着一个推销员需要一味放低姿态甚至乞求对方的同情才能完成一笔生意。

推销，在任何一个国家的经济发展中都占有重要的地位。身为一个推销员应该以推销业为荣，因为它是一份值得别人尊敬并且会使人有成就感的职业。但是，有些推销员并不明白这个道理，他们四处纠缠他们的客户，或是强迫或是乞求，有时甚至使用欺骗手段让客户购买他们的产品，这些做法都是不尊重客户、不尊重自身职业的表现。

一些推销员在遭到客户拒绝、眼看交易无望时，便会向客户乞求说："请您帮帮我吧？我必须养家糊口，而且我的推销成绩远远落后于别人，如果我拿不到这一笔订单，我真的不知道该如何面对我的老板了！我看你会因此而失业的！您可以帮我这个忙吗？"

这就是所谓的乞讨式推销。这种推销方式不但对推销员本身有害，而且对推销员整体的职业形象也是一种损害。试想，如果你是客户，当你看到推销员乞求你购买他的产品，你会怎样看待他呢？想必你会轻视他，因为乞讨式推销不是一个专业的推销员应有的行为，真正成功的推销员绝不会去乞求别人的施舍，他们只会努力地使自己的工作变得更好更优秀，他们以自己的工作为荣，也以满足客户的需要为他们的工作目标，他们在面对客户时充满自信，用产品说话，用服务说话，用实力去争取客户的信任，而不是靠放低姿态去换取客户的同情。

推销员要在内心深处建立自己的职业认同感和自豪感，相信推销是理想的工作和事业，相信推销有利于社会、有利于企业、有利于自己。推销将不是一种无奈的谋生手段，而是值得投入与献身的终身事业。

第九章
练就顶级高手的销售力

什么样的推销员才是顶级的推销高手？一言以蔽之，顶级推销高手就是拥有强大推销力，能把任何产品卖给任何人的推销人才。这句话看似简单，但一个推销员若想达到这样的境界，没有捷径可寻，必须在日常的推销工作中一点一滴地积累经验，修炼自我。

推销高手怎样炼成的

推销高手有年轻的，也有年长的；有开朗活泼的，也有性格沉稳的。总而言之，能否成为推销高手，与推销员的年龄、性格等条件无关，最重要的是有没有决心和毅力。只要潜心学习，多加实践，每个推销员都能提升自己的销售力，成为推销高手。以下是推销员练就强大销售力、成为推销高手的几个要素。

◆要有积极向上的状态

推销高手能永远保持积极向上的状态，他们对自己和所推销的商品都极有把握，所以能于无形中感染客户。

推销高手让每个客户都觉得自己是很特别的一位。推销高手特别善于帮客户建立自我价值观。如原一平的做法是：让推销对象肯定自己，发现自己的优点，这会极大地促进双方的交往，让推销员赢得客户的好感。

推销高手深知，客户看重的推销员的专业能力。基于这种认知，他必然以专业化的标准要求自己，并且也有专业表现。

推销高手相信，自己纵然有强大的销售力，也免不了会遇到挫折，不过他懂得尽量避免遭遇挫折。一旦在推销工作中遭遇失败，推销高手会首先进行自我反省，若是错在自己，他会勇于承认，也会毫不留情地检讨，以此为后事之师，因为失败是成功之母。

推销高手会有明确的生涯规划，长远的人生目标，同时懂得将长远的目标转化为日复一日的切实行动，并根据现实情况的不断变化对目标进行调整、修正。

推销高手了解该如何支配自己的精力，他们在从事推销事业时会全力以赴，因为推销高手知道：全力以赴才能赢。他们能做到时时自省自察，从自己和他人的推销实践中不断总结经验教训，不断提升自我。

◆一言一行体现自信

说到底，推销高手推销的不仅是商品或服务，更是他自己。一位推销高手能在很短时间内就让客户相信自己面前站着的是一位最好的顾问或专家，这就是强大的销售力。

推销高手的一言一行都散发出十足的自信，而且表现得自然得体，不给人以造作之感，因为他们的自信源自实力，所以才有使人信服的效果。

推销高手的策略，好比下棋一样：每一着棋都是考虑周详的结果，路线与布局招招都要制胜。虽然他们运用了策略，但推销过程是光明磊落的：不是损人利己、欺骗客户，而是以满足客户需要为目标，尽力为客户带来最大的利益。

推销高手的成功，就像一出完美的大戏，虽然推销高手会事先设计情节，但是若没有客户的合作，任何戏都是演不成的。推销高手的强大销售力，就体现在引导客户一步步走进自己设定的结局之中。

◆放弃急功近利的心态

有人说：推销是一个"暴利"行业。单从高收入这一角度来看，此话也有一定道理。但是，真正的推销高手，无论是哪一行业的，都不是抱着一夜暴富的心态开始推销工作的。所以，请你先压下想快速发财的希望，放弃急功近利的心态，专心在通往推销高手的路上一步一步往前走，你会发现：物质方面的回报会不请自来。

在那些杰出的推销大师一步一个脚印的成功过程中，有一个共同点：没有人是抱着在短时间内迅速发财的心态进入这个行业的。促使他们成为推销大师的，是对事业的热爱和不懈追求。他们都是乐于推销的人，乐于在各种不同的场所接触不同的客户。他们懂得在必要的时候调节自己的心态，保持面对挑战的能力，即使对待最难成交的客户也要以充分的热情和说服力使其信服。他们以实力和努力赢得成功，获得物质财富和社会的认可。

因此，要想成为推销高手，就要放弃急功近利的心态，踏踏实实地朝目标努力，除此之外没有捷径可循。

推销高手需要具备哪些条件

有些推销员工作勤奋，活力充沛，专业和其他方面的知识都具备，但就是登不上推销高手之列。这是什么原因呢？

事实证明，成为推销高手并不是一件容易的事，除了过硬的专业知识和勤恳的工作态度，还必须具备以下条件。

◆ 杰出的人际沟通能力

一个推销高手无论拥有怎样的性格，都有一个共同点，那就是具备杰出的人际沟通能力。他们能够接纳别人，但不会因之改变自己的性格。

要想拥有杰出的人际沟通能力，首先要做到站在对方的立场上思考问题。有些推销员把客户当成自己的对手，认为成功的推销就是战胜对手，这样的推销员是无法成为推销高手的。

真正的推销高手，会让客户明白自己是站在他那一方的。他会发挥他的沟通技巧，以尊敬与友善的态度面对客户，以诚恳和专业赢得客户的信赖。推销高手能让客户充分体会到他这份内心的情感，让客户相信最终的成交是一种双赢，而不是一方战胜了另一方。只有买卖双方实现双赢，才能建立长期的业务往来。

一般的推销员想得胜，而推销高手要赢。这个"赢"字表示"赢得客户，让客户欣然同意推销高手在交易上的建议"。客户听从了推销员的建议，从而解决了自身问题、获取了最大利益，所以客户也是赢家。能创造这样双赢局面的推销员，才是真正的推销高手。

◆认清自我，发挥潜能

每一个人都能够使自己的能力得到更大的发挥，使自己的成绩更上一层楼，只要他能自己察觉到自己需要改善的地方，并采取行动加以改善。推销员也是一样，经过一段推销生涯后，自己的推销方法不自觉地形成一种模式，而模式化的推销一定有其问题和局限。虽然没有一位推销员能百分之百地归于一个类型，但如果是你能发现自己偏向哪个类型，发现自己的不足并加以改进，必定能使你和客户的沟通更加顺畅高效。

美国成功学家卡耐基曾将人的心灵分为如图9-1的四个窗子：

		自　　己	
		知道	不知道
别人	知道	（1）已开的窗户	（3）盲目的窗户
	不知道	（2）隐闭的窗户	（4）黑暗的窗户

图9-1

（1）"已开的窗户"——自己能坦然让别人知道的领域。

（2）"隐蔽的窗户"——自己刻意隐闭，不让别人知道的领域。

（3）"盲目的窗户"——别人能看得很清楚，自己却全然不知的领域。

（4）"黑暗的窗户"——自己和别人都不知道的无意识领域，暗藏未知的可能性，也是人们潜力所在的地方。

一个人要想成长，就要扩大"已开的窗户"，缩小"隐蔽的窗户"，靠自我洞察开发"黑暗的窗户"，并通过别人的影响打开"盲目的窗户"，遵循这种途径就可以认清你自己，然后便对症下药改善你自己。

推销员经过一段推销时间后，可能受到主管或同事的影响以及销售产品特性的影响，往往让自己的推销不自觉地走向一个固定的模式。虽然没有一位推销员是百分之百属于一种模式，但是他可能会偏向于某种模式。推销员的模式大致可以分为五个类型：

1. 权威型

此类型的推销员，主观地认为客户懂得没有他多，没有他专业，甚至对客户提出的问题采取轻视的态度，以标榜自己的权威。如果有客户表示不愿意购买，这类型的推销员也许会说客户没有眼光。

此类型推销员的特征是不会去探测客户的需求，喜欢用高高在上的姿态指点客户应该怎么做才是正确的。

权威型的推销由于不是充分了解客户需求再推销，因此推销员很难和客户维持较长远、较密切的关系，无法根据客户需求进行有针对性的推销。而且目前的社会信息非常发达，客户所掌握的市场信息可能并不少于推销员，如果推销员以权威的姿态面对客户，试图"指点"客户，很可能引起客户的反感。

2. 低价导向型

此类型的推销员倾向于推销具有价格优势的产品，他们认为价格是推销成败的最主要因素，任何推销失败的结果都会被他们归咎于价格竞争力的缺乏。

此类型的推销员，最大的问题是对产品价值和客户心理认识不足，他们并不知道对于大多数的客户，只要你能满足他们高品质的需求，他们就愿意购买价格相对较高的产品。

低价型推销员的业绩好坏，往往取决于公司能否推出有价格竞争力的产品，以及他们面对的客户是否以价格作为首要考虑因素。因此，这类型的推销员在推销活动中具有一定的局限性，很难做到将任何产品卖给任何人。

3. 人际关系型

此类型的推销员相信只要搞好客户关系，就能轻松达成交易，其他因素都是次要的。

的确，当今社会人际关系微妙复杂，对于许多生意而言，与客户搞好关系的重要性是毋庸置疑的。但是你明白这个道理，你的竞争对手同样也明白这个道理，因此与客户搞好关系并不足以让你在激烈的市场竞争中脱颖而出，"关系"只是交易的起步，真正的成败还是取决于推销员其他方面的能力。所以只凭"搞关系"的推销员，仍然无法做好推销工作。

人际关系型的推销员过分注重与客户的关系，往往对客户的需求了解不够彻底。推销员只凭着和客户的交情拿到订单后，若是客户在使用产品的过程存在问题，或者售后服务的需求得不到满足，引起抱怨，也会妨碍推销员与客户的长期关系。因此，人际关系型的推销员，除了要注重与客户建立良好关系外，还应致力于为客户提供最适当的产品与服务，这样才能与客户建立长期稳定的关系。

4. 被动型

此类型的推销员认为客户若有需要自然会主动购买，因此，他不会主动地去发掘客户的需求，不会主动地告诉客户自己的产品和竞争品牌有何差异，完全以被动的方式等待客户购买。这种类型的推销员，在定点销售的场所最容易看到。

当然，确实有一些已经知道自己的需求、确定自己要购买什么产品的客户，他们看到想要的东西会立刻成交，但是绝大多数客户的需求都不是很明确的，推销员的工作不就是协助客户确定自己的需求，然后满足客户的需求吗？因此，过于被动的推销员往往会坐失许多机会，错过许多潜在的客户。

5. 问题解决型

此类型的推销员让客户觉得是可以信赖的，他们能解决客户的问题，满足客户的需求。

此类型的推销员会带给客户这样的感受：他是来帮助我的，他能帮助我找出我真正的需求，为我面临的问题找出解决方法。我听从了他的建议，就能做一个正确的决定，就能从购买的产品中得到许多我想要得到的利益。这就是问题解决型推销员能赢得客户信任的原因。

以上这五种类型的推销员，在面对不同的产品、不同的客户、不同的状况下，都有可能达成成交的目的。但根据一位从事推销培训工作20余年的专家长期的观察和研究，问题解决型的推销员最能获得稳定的业绩，因为他们每月业绩中几乎有50%都是由以前客户再购买或由这些客户介绍其他客户而来的，他们凭借自己的专业精神建立起了稳定发展的客户群。

从事推销工作的你可以反省一下，在自己平常的推销工作中，表现出的行为举止到底倾向于那一个类型。在反省自我的过程中，你可以借助卡耐基的"四种窗户"的理论，探究自己的行为和心理，同时广泛征求他人的意见，从不同的角度认清自我。在认识到自己的优势和不足之后，最终的目标当然是向着问题解决型的推销员迈进。

◆ 良好的自我管理能力

日本汽车推销冠军佐藤说："一个无法管理好自己的推销员，是无法管理好他的客户的。"一个推销员如果不管理好自己，他将必败无疑。推销员的自我管理，就是要使自己的思想行为条理化、规范化，以实现潜能的最大发挥。推销员的自我管理包括以下方面：

1. 制订目标

推销员制订自己目标的重要意义,专家和推销高手早已有了论述。美国推销员培训专家伊斯曼说:"设置目标是成功的第一步。制订目标对于推销工作很有效,它增强了你的工作动力,督促你提高工作效率,明确工作重点,并且对自己的行为负责。有了明确的目标,你就更有可能取得成功。"

"推销大王"蓝斯顿说:

"我要使自己的价值增加100倍。我要如何做到这一点呢?首先,我要为这一天、这一周、这一月、这一年的推销工作订下具体的目标。在订下目标以前,我要考虑到过去最好的成绩,并使它提高100倍。

"这一点必须成为我将来工作的标准,我绝不担心我的目标定得太高,因为,把我的箭瞄准月亮而只射中一只老鹰,这比把我的箭瞄准老鹰而只射到一块石头更好,不是吗?

"即使我在到达目标以前可能要经过一些障碍,我也绝不会畏惧退缩。如果绊倒了,我就爬起来继续前进。我绝不满意于我已经取得的成就,我要在达到目标的时候,立即将目标升高,我要时常使下一次的成绩比这一次的更好。"

制订目标是激发推销员斗志的重要手段,那么在订立目标时,应以什么为依据呢?

根据推销大师的经验,以下三点可作为推销员制订目标的依据:

(1)以成为专业推销员为目标。一名推销员首先应对自己的职业保持高度的信心和荣誉感,然后才能向"专业推销员"迈进。

(2)专业意识是成为专家的捷径。每个人的能力各不相同,但无论你目前能力如何,都不妨将目标订立在专家级的水平,将专业意识贯彻在自己的推销工作中。

(3)确认自己的需求。在确立目标之前要想清楚,作为推销员,你究竟想成就什么?没有需求就不可能出现具体的目标,你最好认清自己的需求,进而确立目标。

你应该确立怎样的目标？你想在哪一方面获得成就？你可以在纸上随时书写心中所想，内容与字数不限，唯一的要求是必须翔实而不要遗漏。它的主要目的是认清自我需求，以掌握明确的努力方向。

为了确立目标，除了充分认识自我之外，还必须从他人身上学习经验，多与同事、上司交流心得，将他人经验中适用于自己的部分纳入自己的目标。此外，有关的书籍、报刊、杂志、网站所披露的信息也是绝佳的资料来源。总之，要正确认识自我，同时广泛收集外界信息。

制订目标还要遵循以下原则：

（1）设定目标应符合实际，以现实为基础，不能太高也不能太低，这样的目标才有存在价值。

（2）要用书面形式把目标写出来；

（3）经常反思你的目标，根据实际情况的改变做出必要的修正；

（4）为自己的目标设定期限，如长期、中期、短期等。具体的时间长短可按照自己的实际情况决定，但必须注意不可过长或过短。

- 长期目标（3年、5年或10年）

长期目标是引领你的职业生涯的目标，例如"成为推销高手"、"成为业界权威"等。

- 中期目标（年度目标）

中期目标的主要内容是提升业绩，例如"本年度预期销售额为×××万元"、"本年度计划开发客户××人"等目标。

- 短期目标（季度目标或月度目标）

为了实现中期和长期目标，还需要设计周详的行动计划，也就是短期目标。短期目标的时间周期一般是一个季度或一个月，例如月份销售额应达××万元、在公司下一季度的销售竞赛中进入前3名，或在一个月之内提出5个以上的创意促销计划等。

（5）制作数据表，将目标量化。应将销售量、访问次数等应制作成数据表，以直观反映目标实现情况。至于无法量化的工作内容，也应用其他方式予以记录。

（6）要时刻提醒自己的目标，比如将目标写下来贴在床头或办公桌上，不断提醒自己，激励自己，让自己的工作有方向、有重心。

2. 时间管理

推销员自我管理的另一项内容是时间管理，对于推销员来说，时间管理和目标管理同样重要。

（1）养成时间意识

如果你留心分析那些"顶尖推销员"的工作方法，你会发现，他们在和客户商谈之前，都会做好调查准备工作。他们总是事先拟定好最佳的会谈方案，以便提高与客户交谈的效率。所以会谈一开始，他们的开场白大都是："您的时间很宝贵，我们就开门见山谈事情吧！"可见他们是如何重视时间！他们不仅为自己，也为客户带来了时间的节省和效率的提高。

富兰克林说："时间就是金钱。我们不能向别人多抽些时间，也不能将时间储藏起来，更不能加倍努力去赚钱买一些时间来用。唯一可做的事情，就是把时间充分利用。"是的，我们无法增加自己的时间，但是如果我们能提高时间的利用效率，就会在事业上取得很大的成功。

原一平为了实现他成为推销高手的梦想，全力以赴地工作，早晨5点钟起床后，立刻开始一天的工作：先是看书，思考推销方案；6点半钟往客户家里打电话，确定访问时间；7点钟吃早饭，与妻子商谈工作；8点钟到公司上班；9点钟开始拜访客户；下午6点钟下班回家；晚上8点钟开始读书，反思一天的工作，寻找可以改进的地方；11点钟准时就寝。这就是他一天的生活。从早到晚一刻不闲地工作，抓紧每一分每一秒的时间，就是原一平成为推销大师的重要原因。

推销员所从事的工作，往往自由度比较大，没有强制性的工作时间要求，于是有些缺乏时间管理意识和自律精神的推销员，就把本该工作的时间用在了吃、喝、玩、乐等方面，结果可想而知，他们碌碌无为。如果你想成为一名成功的推销员，就应该像原一平那样有效地利用时间，真正用时间创造价值。

（2）和时间赛跑

推销员是与时间赛跑的人，能有效利用一天的活动时间，是提高业绩的关键。

但如何才能有效利用活动时间呢？除了提高与客户会谈的效率之外，还要尽量缩短移动时间——从公司到客户处的时间，以及往来于客户之间的时间。

虽然移动时间是必须的，但仍然要考虑节省时间、提高效率，毕竟移动时间占了推销员每日有效工作时间的1/3，不可忽视。

有效利用移动时间的方法之一，是"在移动过程中决定下一位访问对象"。既然挑选访问对象也要花费时间，不妨利用移动过程来完成该工作。

如果是骑自行车的推销员，可以从邻近街道中选定下一个访问对象。倘若是坐公交车、出租车的推销员，可以顺便巡视整个负责区域。在移动过程中，对于什么地方有什么公司，哪一间商店坐落在哪一块区域，推销员都可趁此机会了解并记住。

有效利用移动时间的第二个方法，是"对当天访问做全面反思"。推销员在访问客户后，通常会做下列工作：①对照工作计划，看工作进度是否与计划相吻合；②想想访问过程中是否遇到问题，是否存在可以改进的地方；③预定下次访问的议题和谈话方式；④搜集客户所需要的情报；⑤将下次访问活动的项目记录下来。这些工作在刚刚结束访问时去做，效果最好，因为此时的记忆最准确、最完整。因此推销员可以随身携带笔记本，利用移动时间做此项工作。

对经常饱受塞车之苦的推销员来说，充分利用移动时间尤其重要。把那些平日难解决的问题趁塞车时解决，不是很好的时间管理方式吗？

（3）节约时间，对浪费时间说"不"

推销高手都是节约时间的高手。谈到节约时间方法，最有效也最根本的是把事情按优先顺序列表，先做那些重要的，再做那些次要的，不必要的则不做。这里有一条基本原则，那就是最重要的不是做了多少事，而是你做的事能产生多大的效益。

推销高手们节约时间的方法可以总结如下：

• 拜访客户前先取得预约，提高拜访效率。

• 整理出最有希望与你成交的目标客户名单，随时随地与其中一位或几位进行联系。

• 每天晚上结束工作后列出第二天的工作计划，并确定各项任务的优先顺序。

• 如果目标客户数量太多，无法一一拜访，要把你的推销方式改为电话推销或邮件推销。

• 以集中和计划周密的方式进行推销访问，不要在你的日常安排中将它们分散。

• 向有购买决定权的人推销，并通过会见其他对买方有影响力的人，来推动交易的达成。

• 先做最重要的事，而不是你喜欢做的事。

• 对于拒绝你的客户不要轻易放弃，要再多进行一次访问。

• 经常地反思你的工作方式，并问自己："怎样才能最充分地利用我的推销时间？"

• 多与推销高手交流，学习他们的时间管理方法。

• 把耗时的推销活动分解成若干个较小的任务，以便你能不用大块的时间就能完成并取得进展。

• 把最重要的客户放在最优先的位置，发展你同重要客户的关系，同时开发新的重要客户。

• 建立客户推介系统，更高效地开发新客户。

• 对客户的询问要立即做出反应。

• 要尽可能地兼顾推销工作的各个方面，如拜访客户、写建议书、为客户提供售后服务等等。

(4) 推销大师的时间表

为了说明推销大师的时间安排,这里列出了一张推销大王汉斯的一日时间表,并介绍汽车推销员贝尔用马表精确控制时间的情形。

汉斯的一日时间表

① 起床	6时48分
② 开始工作	9时整
③ 工作结束	20时整
④ 就寝	23时54分
⑤ 访问(老客户)	12.3家
⑥ 访问(新开拓的客户)	9 8家
⑦ 电话推销	9.9家
⑧ 寄出DM(一星期内)	16.4家
⑨ 桌上的工作	30分
⑩ 自己家中的工作	24分
⑪ 进入咖啡店的次数	0 4次
⑫ 睡眠时间	6时又30分

美国一流汽车推销员贝尔下班回家后,从不喝酒,也不会马上躺下来休息,而是立即像白天一样迅速投入工作,直到睡觉为止。

但是,和家人在一起的时间也是很重要的,所以贝尔常常想,应该如何安排工作及和家人相聚的时间。当亨利回到家,一打开门时,就马上按下马表,因为亨利规定换西装以及和孩子一起玩的时间为25分钟,所以他用马表来计算时间。

贝尔一进门,孩子们马上跑到身边,说:"爸爸!你回来了,快来跟我们一起玩。"这时他会告诉孩子:"好!我们一起玩,不过只能玩一会儿。"孩子们已经很习惯贝尔的时间安排,就说:"好!只玩8分钟。"

贝尔和孩子们玩的时候,会一面看表,一面说:"还有2分钟",或是"还有1分钟"。当时间一到,孩子们就知道看书的时间到了,他们对爸爸说声"明天见",然后就去看书了。

贝尔说:"专业的推销高手,必须一大早就起床工作,白天当然要全力以赴，晚上也要继续工作，这样才能让自己成长得更快，才能把工作做得比别人都好。"推销高手以及其他行业里成功的人有一个共同点——拼命工作。他们有热衷的精神和充沛的体力，可以从清晨工作到深夜。如果一个推销员想要追求成功、获得高收入和升迁机会、过上幸福的生活，却不肯努力工作，他的希望必然会落空，他注定只能是一个平庸之辈。